数据的价值
——大数据时代的商业变革与重构

胡雪松 高亚满 著

中国商业出版社

图书在版编目（CIP）数据

数据的价值：大数据时代的商业变革与重构／胡雪松，高亚满著. -- 北京：中国商业出版社，2023.12
ISBN 978-7-5208-2847-5

Ⅰ.①数… Ⅱ.①胡… ②高… Ⅲ.①商业改革-研究-中国 Ⅳ.①F721

中国国家版本馆 CIP 数据核字（2023）第 247268 号

责任编辑：黄世嘉

中国商业出版社出版发行
（www.zgsycb.com　100053　北京广安门内报国寺 1 号）
总编室：010-63180647　编辑室：010-863033100
发行部：010-83120835/8286
新华书店经销
北京宝莲鸿图科技有限公司印刷
*
787 毫米×1092 毫米　16 开　12 印张　194 千字
2023 年 12 月第 1 版　2023 年 12 月第 1 次印刷
定价：68.00 元
* * *
（如有印装质量问题可更换）

PREFACE 前言

大数据时代的商业变革与重构是一场深刻的转型，影响着企业的方方面面。大数据为企业提供了前所未有的数据洞察机会。企业通过收集、存储和分析海量的数据，能够深入了解客户行为、市场趋势和业务运营情况，使得决策者能够基于实际数据做出更明智的战略决策，从而提高企业的竞争力。大数据推动了个性化营销和客户关系管理的革新。企业可以通过分析客户数据，了解个体需求和偏好，实现个性化的产品推荐和定制化的服务。这不仅提升了客户体验，还增强了客户忠诚度。大数据还催生了新的商业模式，特别是基于数据的服务模式。企业可以通过将自身的数据资产进行开发和利用，提供数据驱动的服务，从而创造新的商业价值。这种模式在许多行业中都有广泛应用，如金融科技、健康科技等领域。

本书主要研究数据的价值——大数据时代的商业变革与重构。本书从大数据时代与大数据基础理论介绍入手，针对大数据的价值、大数据时代金融服务营销变革与创新、大数据时代零售业的变革与重构、大数据时代电子商务的重构进行了分析研究，并对大数据时代供应链整合营销和数字产业生态圈的新模式进行了探讨研究。

大数据时代的商业变革与重构为企业提供了前所未有的机遇，同时也带来了一系列的挑战，如数据隐私和安全的问题。因此，企业要树立安全意识，充分利用大数据时代的商业变革与重构，实现更智能、敏捷、个性化的运营，从而在竞争激烈的市场中脱颖而出。

作　者

2023 年 11 月

CONTENTS 目 录

第一章　引言 ·· 1
　　第一节　大数据时代背景 ·· 1
　　第二节　数据的价值与潜力 ·· 11
　　第三节　大数据的基础概念 ·· 19

第二章　大数据的价值 ·· 24
　　第一节　大数据促进传统媒体转型 ···································· 24
　　第二节　大数据促进商业变革 ··· 29
　　第三节　大数据改善社会服务 ··· 44

第三章　大数据时代金融服务营销变革与创新 ························· 52
　　第一节　信息技术对金融服务营销的渗透 ·························· 52
　　第二节　传统金融企业服务营销方式的改变 ······················· 66
　　第三节　互联网金融与金融服务营销创新 ·························· 77

第四章　大数据时代零售业的变革与重构 ······························ 81
　　第一节　零售业产业链在数据智能时代的变革 ···················· 81
　　第二节　人工智能与零售业的有机结合 ···························· 98
　　第三节　智能新零售的未来 ·· 112

第五章　大数据时代电子商务的重构 ···································· 117
　　第一节　大数据背景下的电子商务 ································· 117
　　第二节　大数据与电子商务的结合 ································· 128
　　第三节　大数据与电子商务的运作 ································· 131

第六章　大数据时代供应链整合营销 …………………………………… **136**
　　第一节　大数据与大数据营销 …………………………………… 136
　　第二节　大数据与供应链整合营销 ……………………………… 147
　　第三节　大数据时代供应链整合营销未来发展 ………………… 156

第七章　大数据时代数字产业生态圈的新模式 …………………… **160**
　　第一节　数字产业新模式 ………………………………………… 160
　　第二节　数字产业催生模式变革 ………………………………… 169
　　第三节　数字生态圈下产业的新模式与发展 …………………… 180

参考文献 ………………………………………………………………… **183**

第一章 引言

第一节 大数据时代背景

一、大数据在我国的产生

党的二十大明确提出，大力推进互联网、大数据、人工智能和实体经济融合发展，将大数据作为引领发展的新动能，强调了大数据在推动经济社会发展中的战略地位。在党的领导下，我国政府也相继颁布了一系列文件和政策，以推动大数据产业的发展，促进信息化与实体经济深度融合。首先，在相关文件中，明确提到要加强数据资产权益保护，推动数据资源优化配置和高效利用。这体现了对大数据在新时代治理体系中的重要作用的认识，并强调了数据的合理使用和保护。其次，在《实施国家大数据战略 加快建设数字中国》中指出，要建设数字中国，推动数字经济深度融合实体经济，构建以数据为要素的现代化经济体系。这一战略性文件进一步加强了对大数据在经济发展中的引领作用的认识，明确了数字经济发展的路径和目标。此外，国务院印发的《新一代人工智能发展规划》中也涉及大数据，提到要深入推进数据要素的开放共享，推动形成更高水平的数据资源市场。这进一步巩固了党和政府对于大数据开放共享的政策方向，以促进创新和提升国家竞争力。党和国家对大数据的重视体现在各个层面，不仅关注其在经济发展中的作用，还强调了在治理体系、国家治理现代化、人民生活水平提升等方面的应用。这一系列的文件和政策为大数据的发展提供了战略指导，为企业和科研机构在大数据领域的创新提供了政策支持，推动了大数据产业的蓬勃发展。在大数据时代，海量数据的生成、存储和处理成为一种普遍现象。这个层面将揭示大数据时代的根本背景。

二、大数据时代的兴起

在大数据时代,海量数据的生成、存储和处理成为一种普遍现象,对社会、经济和科技产生了深远影响。从信息爆炸到数据驱动的时代转变,深刻揭示了大数据时代的根本特征。

(一)信息爆炸与数据涌现

信息爆炸与数据的涌现标志着人类社会进入了一个前所未有的大数据时代。互联网的广泛应用使得数据的生成速度呈指数级增长,从而催生了各种信息的爆炸性增加。这一现象不仅覆盖了日常生活的方方面面,还深刻影响了商业、科学、社会管理等多个领域。在信息爆炸的背后,互联网技术的迅猛发展是关键推动力。人们通过社交媒体、在线购物、搜索引擎等互联网工具产生大量数据,形成了一个庞大而多样的信息网络。这个网络不仅连接了个体与个体,还连接了个体与各种设备、传感器,使得数据源的多样性和复杂性得以提升。各种行业和领域的数字化转型也是信息爆炸的原因之一。医疗、金融、教育等领域纷纷采用数字技术,产生了大量的数字化数据。这些数据不仅记录了丰富的业务信息,还可能包含了用户的行为、偏好等多层次的信息,为深度分析和挖掘提供了丰富的素材。在这个信息爆炸的环境中,数据的涌现成为一种常态。不仅是结构化数据,如数据库中的表格,还包括卫星图像、社交媒体上的文本、音频、视频等多种非结构化数据。这些数据以不可思议的速度产生,形成了一个庞大而复杂的数据生态系统。信息爆炸和数据的涌现为大数据时代的到来奠定了基础。在这个时代,我们需要更强大的工具和方法来有效处理和分析这些海量的数据,以从中提取有价值的信息。同时,也需要更加注重数据隐私和安全保护,以确保数据的合法使用和传播。信息爆炸和数据的涌现既是挑战,也是机遇,需要社会各个方面共同努力,以更好地迎接大数据时代的到来。

(二)技术革新与计算能力提升

技术革新和计算能力的提升是大数据时代的关键推动力,为处理庞大数据集提供了更高效、更灵活的解决方案。云计算的兴起为大数据提供了灵活、弹性的计算资源。通过云服务提供商,用户可以根据需求动态获取计算资源,而无须投资大量资金建设自己的数据中心。这使得大数据处理变得更加经济高效，同时也降低了数据存储和计算的门槛。分布式计算成为大数据处理的核心。诸如 Hadoop、Spark 等分布式计算框架能够将大规模数据划分为小块，分配到多个节点上进行并行处理。这种并行计算的方式显著提高了数据处理的速度和效率，使得海量数据可以在相对较短的时间内得到分析和挖掘的结果。随着硬件技术的不断进步，特别是图形处理单元（GPU）和张量处理单元（TPU）等硬件加速器的应用，计算能力得到了显著提升。这些硬件的运用使得复杂的数据处理和机器学习任务变得更加高效，加速了大数据分析的速度。随着大数据的快速增长，存储技术也在不断进化。新一代存储介质的出现，如固态硬盘（SSD）等，提高了数据的读写速度和存储密度，从而更好地满足大规模数据存储的需求。这些技术的革新和计算能力的提升，使得大数据不再是一个难以处理的庞然大物，而是成为一个可以被更加高效利用的资源。这不仅推动了科学研究、商业应用等领域的发展，也为社会创新提供了新的可能性。在大数据时代，技术的不断演进将继续为我们深入挖掘数据的潜力和应用提供更多可能性。

（三）数据驱动的决策变革

在大数据时代，数据驱动的决策变革是企业和组织的重要趋势之一。首先，大数据为决策提供了更为全面和准确的信息基础。传统上，决策往往基于有限的数据样本和主观的经验，容易受到个人偏见的影响。而大数据的出现使得组织能够收集、存储和分析海量的数据，从而更全面地了解市场趋势、客户需求和业务运营状况。其次，数据驱动的决策模式强调基于实际数据的分析和预测能力。通过采用先进的数据分析工具和算法，企业可以更好地理解潜在的业务机会和挑战。这种基于数据的分析不仅能够提高决策的准确性，还可以帮助组织更好地预测未来趋势，从而更灵活地调整战略和战术。另外，数据驱动的决策模式还加强了组织内部的协同和沟通。通过共享数据和分析结果，不同部门和团队之间可以更有效地合作，共同制定和执行决策。这种信息的透明性有助于消除信息孤岛，促进整个组织的协同作战，使决策更为一体化和协调。最后，数据驱动的决策模式也为企业创新提供了新的契机。通过挖掘和分析数据，企业可以发现新的业务模式、产品设计和市场机会。数据驱动的创新不仅可以提升企业的竞争力，还有助于不断适应变化的市场环境。总的来说，数据驱动的决策变革是大数据时代带来的重要变化之一，它为企业提供了更强大的决策工具，推动着商业和科技的不断演进。

（四）商业模式的创新

在大数据时代，商业模式的创新成为企业成功的关键之一。首先，个性化营销是其中的一个重要方面。通过收集和分析大量用户数据，企业可以更好地了解用户的偏好、行为和需求。基于这些数据，企业可以定制个性化的营销策略，精准地针对每个用户提供定制化的产品和服务推荐，从而提高市场响应率和用户满意度。其次，精准定价是大数据时代商业模式创新的另一个亮点。通过分析市场需求、竞争态势和消费者行为等数据，企业可以实施更加精准的定价策略。这种定价策略可以根据不同的用户群体、时间段和地理位置等因素进行调整，最大限度地优化收益并提高市场竞争力。最后，用户体验优化也是大数据时代商业模式创新的重要方向。通过监测用户在产品或服务使用过程中的数据，企业可以及时发现和解决用户体验中的问题，提升产品的易用性和用户满意度。同时，通过数据分析，企业还可以不断优化产品设计、功能更新和服务流程，以更好地满足用户的需求和期望。总体而言，以数据为核心的商业模式创新在大数据时代推动了各行各业的商业进化，个性化营销、精准定价和用户体验优化等创新手段不仅提高了企业的竞争力，也为消费者提供了更加个性化、高效和愉悦的购物和服务体验。这种商业模式的创新是大数据时代企业成功的关键之一。

（五）社会变革与挑战

在大数据时代，社会结构和运作方式经历了深刻的变革，同时也面临一系列挑战。首先，大数据对社交产生了影响。社交媒体平台通过收集和分析用户的大量数据，实现了个性化的内容推荐和广告定向投放。然而，这也引发了一些社交问题，如信息过滤的偏见、信息泡沫的形成等，挑战着社会的信息多元性。其次，隐私问题成为大数据时代的重要挑战之一。随着个人数据的大规模收集和分析，人们的隐私面临着更大的威胁。企业和机构需要在追求创新和商业利益的同时，确保对个人数据的合理使用和保护，以维护公众的隐私权益。就业方面也受到了大数据时代的影响。虽然大数据技术的发展为新兴行业带来了就业机会，但同时也导致一些传统行业的岗位减少。人们需要适应新的技能要求，社会需要探讨如何平衡技术进步和就业机会的关系，以减缓潜在的社会不平等问题。再次，伦理和法律问题也随着大数据时代的到来而日益凸显。数据的收集、存储和使用涉及诸多伦理考量，如数据所有权、透明度、公平性等。同时，法律体系也需要不断地适应新技术的发展，制定相关法规以保护公众的权益。在面对这些社会变革和挑战时，社会需要建立更加健全的法律和伦理框架，推动技术的可持续发展。最后，公众教育也至关重要，要提高人们对大数据时代的认知水平，使每个人都能更好地理解、参与和引导社会变革。这样，大数据时代带来的机遇与挑战才能更好地平衡和协调。

三、技术发展的推动

大数据时代的背景之一是技术发展的推动。各种技术的发展和进步，包括云计算、分布式计算、机器学习等，为大数据的采集、存储和分析提供了强大支持。

（一）云计算的崛起

云计算的崛起确实是大数据时代的一个关键推动力。云计算是一种通过网络提供计算服务的模式，它包括基础设施即服务（IaaS）、平台即服务（PaaS）和软件即服务（SaaS）等不同层次，为用户提供灵活、可扩展的计算资源。首先，云计算改变了数据的存储和处理方式。传统上，企业需要建立自己的数据中心，购置大量的硬件设备来应对不断增长的数据需求。而通过云计算，企业可以根据实际需求灵活地调整计算资源，无须投入大量资金建设和维护自己的数据中心。这使得企业能够更加高效地管理数据，并快速响应不断变化的业务需求。其次，云计算提供了更广泛的计算服务，包括存储、计算、数据库、人工智能等多种服务。这使得企业能够通过云平台轻松构建和部署复杂的大数据应用，加速创新和业务发展。再次，云计算为中小型企业和初创公司提供了接触先进计算资源的机会，促进了创业和创新的蓬勃发展。最后，云计算也加速了大数据技术的发展和普及。云平台提供了丰富的大数据工具和服务，使用户能够更方便地进行数据存储、处理和分析。这种便利性推动了大数据技术的广泛应用，促使更多行业在业务决策和创新方面充分发挥数据的潜力。总体而言，云计算的崛起为大数据时代注入了新的活力，使数据的存储和处理变得更加灵活和高效。它不仅改变了企业的计算模式，也推动了大数据技术的创新和应用，为各行业带来了更多的机遇和可能性。

（二）分布式计算的演进

分布式计算在大数据处理中确实扮演着至关重要的角色，其演进历程影响了大数据时代的发展。起初，Hadoop 框架作为分布式计算的先驱，为处理大规模数据提供了解决方案。Hadoop 采用 MapReduce 编程模型，通过将任务分解成多个子任务并在分布式计算节点上并行执行，实现了对海量数据的高效处理。然而，随着大数据应用的不断发展，Hadoop 的一些局限性逐渐显现出来，尤其是在迭代算法和实时数据处理方面的性能相对较弱。于是，Apache Spark 作为分布式计算的新一代框架应运而生。Spark 采用了内存计算的方式，极大地提高了迭代计算和实时数据处理的性能。其弹性分布式数据集（RDD）的引入也使数据在计算节点之间更灵活地进行缓存和共享，从而加速了数据处理过程。除了 Spark，还有其他一些分布式计算框架，如 Flink、Hive 等，它们在不同场景下有着各自的优势和特点。这些框架的不断演进和竞争推动了分布式计算技术的创新，使其更好地适应不同应用场景和需求。总体而言，分布式计算在大数据处理中的演进经历了从 Hadoop 到 Spark 等多个阶段。这一演进历程不仅提高了大数据处理的效率和性能，也推动了大数据应用的广泛发展。未来，随着技术的不断创新，分布式计算仍将是大数据处理的关键推动力，为应对不断增长的数据量和复杂的计算需求提供强大支持。

（三）机器学习崭露头角

机器学习崭露头角确实是大数据时代的一大亮点。机器学习是一种通过算法让计算机系统自动学习和改进的技术，其应用范围涵盖了图像识别、自然语言处理、推荐系统等多个领域。其一，机器学习的发展得益于大数据的可用性。大数据时代提供了丰富的数据资源，这对于机器学习算法的训练和优化至关重要。通过处理大规模的数据集，机器学习模型能够更准确地捕捉数据中的模式和规律，提高模型的性能和泛化能力。其二，深度学习作为机器学习的一个分支，在大数据时代表现得尤为突出。深度学习模型通过多层神经网络学习数据的抽象表示，可以处理复杂的非线性关系，适用于许多大数据场景。深度学习在图像识别、语音识别、自然语言处理等领域取得了显著的成果，推动了人工智能的发展。其三，机器学习的应用在各行各业中迅速扩展。在商业领域，机器学习被广泛应用于预测市场趋势、个性化推荐、风险管理等方面，提高了决策的准确性和效率。在医疗领域，机器学习可以用于医疗影像分析、疾病诊断和药物研发，为医疗科技带来了新的突破。总的来说，机器学习在大数据时代崭露头角，成为推动智能分析和应用的关键技术之一。机器学习的发展受益于大数据的支持，而机器学习的不断进步也为大数据的深度挖掘和智能应用提供了有力的支持。未来，随着数据规模的不断增长和算法的不断创新，机器学习在大数据时代的作用将变得更加重要和广泛。

（四）物联网与感知技术

物联网和感知技术确实在大数据时代发挥着关键作用。物联网是通过互联网连接各种物体，使它们能够相互通信和共享数据的网络。感知技术则包括各种传感器和设备，用于实时地采集环境中的数据。其一，物联网的发展为大数据提供了更全面和精准的数据来源。通过连接各种物理设备、传感器和智能设备，物联网使我们能够实时地获取各种环境数据，包括温度、湿度、位置、运动状态等。这些数据源不断产生的信息流为大数据分析提供了更多的维度和深度，使得决策和预测更加准确和全面。其二，感知技术在物联网中扮演着关键角色。各类传感器，如温度传感器、压力传感器、光学传感器等，能够实时地监测和感知环境中的各种变化。这些传感器生成的数据可以被即时收集、传输和分析，为实时监控、预警系统和智能决策提供支持。感知技术的不断创新和普及推动了物联网的发展，为大数据时代的信息采集提供了更为广泛的可能性。其三，物联网和感知技术的应用涵盖了多个领域，包括智能城市、智能交通、智能健康等。通过在城市中部署传感器网络，可以实现城市基础设施的智能监控和管理。在交通领域，通过车联网和交通感知技术，可以优化交通流量，提高交通效率。在健康领域，可穿戴设备和医疗传感器可以实时监测个体的健康状况，为个性化医疗提供数据支持。总体而言，物联网和感知技术的发展为大数据时代提供了更为丰富和实时的数据来源，推动了各行各业的智能化和数据驱动的发展。这种信息的全面感知使得大数据分析更加准确和实用，为社会创新和发展带来了新的机遇。

（五）新一代数据库技术

新一代数据库技术的发展确实是大数据时代应对日益增长的数据需求的重要组成部分。这一发展涵盖了多种数据库类型，包括 NoSQL 数据库和 NewSQL 数据库，以更好地适应不同的应用场景。首先，NoSQL 数据库应运而生，它们摒弃了传统关系型数据库的模型，采用了更加灵活的数据模型。NoSQL 数据库适用于处理非结构化和半结构化数据，如文档型数据库、键值对数据库、列族数据库等。这种新型数据库技术强调横向扩展性，能够轻松应对大规模数据的存储和查询需求。在分布式环境下，NoSQL 数据库具有良好的性能和可伸缩性，适用于高并发和大流量的应用场景。其次，NewSQL 数据库在保持关系型数据库的事务性能的同时，试图解决传统关系型数据库在大规模数据处理上的瓶颈。这类数据库采用创新的架构和算法，通过水平扩展和并行处理来提高数据库的性能和吞吐量。NewSQL 数据库通常采用分布式架构，使数据存储和查询可以更好地适应现代大数据应用的需求。这些新一代数据库技术为大数据时代的应用提供了更多选择，并且能够更好地满足不同应用场景的需求。NoSQL 数据库适用于非结构化数据和需要横向扩展性的场景，而 NewSQL 数据库则更专注于保持传统关系型数据库的事务特性的同时提高性能。总体而言，新一代数据库技术的不断涌现为大数据时代的数据存储和查询提供了更为灵活和高效的解决方案。这些技术的发展使得企业和组织能够更好地管理、分析和利用海量的数据，推动了大数据应用的不断创新和发展。

四、数字化转型的推动力

数字化转型在大数据时代扮演着重要角色，推动着企业、机构和社会的数字化转型，这种转型进一步催生了对大数据的需求。数字化转型驱动了组织更加重视数据的价值和利用。

（一）企业数字化转型的浪潮

企业数字化转型的浪潮确实是大数据时代的一大推动力。这一转型是通过运用数字技术，重新设计和改善企业的业务流程、服务和模型，以提高效率、创新和竞争力。首先，数字化转型涉及业务流程的重新构思和优化。企业通过引入先进的数字技术，如物联网、云计算、人工智能等，对传统业务流程进行数字化改造。这不仅提高了业务的效率和灵活性，还加速了决策的过程。例如，采用数字化供应链管理可以实现实时监控和调整，提高供应链的可见性和响应速度。其次，大数据在数字化转型中扮演着关键的角色。企业通过收集、存储和分析大量的数据，能够更好地了解市场趋势、客户需求、产品性能等信息。这种数据驱动的决策帮助企业作出更明智的战略选择，优化产品和服务，提高市场竞争力。最后，数字化转型还有利于提升客户体验。通过运用数字技术，企业能够更好地理解和满足客户的需求。个性化营销、智能客服等数字化工具使企业能够更全面、及时地与客户互动，提升客户体验，增强客户的黏性和忠诚度的提升。总的来说，企业数字化转型是大数据时代的一场浪潮，通过数字技术的运用，企业能够更好地适应和把握市场变化，提高运营效率，创造更多的商业价值。这一转型不仅是企业发展的趋势，也是适应数字化时代竞争的必然选择。

（二）机构级别的数字化创新

机构级别的数字化创新在大数据时代的发展中扮演着重要的角色。无论是政府机构、教育机构还是其他组织，数字化转型都为它们提供了机会去提高效率、优化服务，并推动整个社会的数字化发展。首先，政府机构在数字化转型中着重于提升公共服务的质量和效率。通过大数据技术，政府可以更好地了解公众需求、社会问题，实现智能城市管理、交通优化、资源分配的精细化。例如，利用大数据分析城市交通流量，政府可以更科学地规划道路建设和公共交通系统，提升城市交通效率。其次，教育机构通过数字化创新提升教育质量。引入大数据技术可以帮助教育机构更好地了解学生的学习习惯、需求和进步情况，实现个性化教学。通过在线学习平台和学习分析工具，教育机构能够更精准地评估学生的学术表现，制订个性化的教育计划，提高教学效果。最后，数字化转型也在医疗机构、金融机构等领域发挥作用。在医疗领域，大数据分析可以帮助医院管理患者信息、优化医疗资源分配、提高疾病预测的准确性。在金融领域，机构可以利用大数据进行风险评估、反欺诈检测，提高金融服务的安全性和效率。总体而言，机构级别的数字化创新通过整合大数据技术，不仅提高了服务质量和决策效率，也推动了社会的数字化发展。这种创新不仅可满足机构自身的发展需求，也为社会各个方面的进步和提升提供了有力支持。

（三）社会层面的数字化变革

社会层面的数字化变革确实是数字时代的一大趋势，它深刻地影响着人们的生活方式、社交模式等方面。首先，数字化转型改变了人们的生活方式。智能手机、智能家居等数字技术的普及使得人们能够更方便地获取信息、进行购物、沟通社交等活动。

移动支付、在线教育、远程工作等数字化服务也改变了传统的生活模式，使得生活更加便利和灵活。其次，社交模式发生了巨大变化。社交媒体平台的兴起成为数字化转型的重要体现，人们通过社交媒体进行信息分享、互动和社交。这种数字化的社交模式不仅拉近了人与人之间的距离，也成为信息传播和舆论引导的重要平台。再次，大数据在社会层面的广泛应用成为数字化转型的引擎。通过大数据分析，社会可以更好地了解公众需求、社会趋势，从而进行更有针对性的政策制定和社会规划。最后，大数据为社会科学研究提供了更多的数据支持，使其对社会现象的理解更为深入。总的来说，社会层面的数字化变革涵盖了生活方式、社交模式和社会参与等多个方面。这种变革不仅带来了便利和高效，也促进了社会的创新和发展。随着技术的不断进步，数字化转型将继续深刻地影响着社会的方方面面。

（四）数字化技术的融合

数字化技术的融合确实是推动数字化转型的重要动力，不同技术的协同作用加速了大数据时代的发展。首先，5G技术在数字化转型中发挥着关键作用。5G不仅提供了更高的网络速度和带宽，还支持更多连接设备，降低了延迟。这使大数据的传输和处理更加高效，为实时数据分析、物联网应用等提供了更好的基础。5G的引入使数字化服务能够更广泛地渗透到各个领域，推动了社会的数字化发展。其次，人工智能（AI）在数字化转型中扮演着关键角色。通过与大数据的结合，人工智能能够更好地理解和分析复杂的数据，实现自动化的决策和任务执行。机器学习算法使人工智能能够从数据中学习并提高性能，进而在各个领域如自然语言处理、图像识别、智能推荐等方面发挥作用。最后，区块链技术为数字化转型提供了更安全和透明的解决方案。区块链通过去中心化、分布式的方式存储和验证数据，确保数据的不可篡改性和可追溯性。这在金融、供应链、物联网等领域有着广泛的应用，推动了数字化转型的发展。总的来说，不同数字技术的融合推动了数字化转型的加速发展。5G、人工智能、区块链等技术的协同作用使数字化服务更加全面、高效和安全。这种技术融合不仅推动了企业、机构和社会的创新，也为大数据时代的不断演进提供了强大的动力。随着技术的不断发展，数字化技术的融合将继续推动着各行各业的变革和进步。

(五) 个体层面的数字化体验

个体层面的数字化体验确实是数字化转型的一个核心方面，它深刻地改变了人们的生活方式、社交方式以及个人参与数字社会的方式。首先，智能手机的普及和智能化设备的发展使个体能够更便捷地接触和使用数字化服务。从社交媒体、在线购物到智能助手，这些工具和应用使得个体的生活更加便利、丰富和高效。其次，数字化转型塑造了个体在数字社会中的角色。个体通过社交媒体平台表达自己的观点、分享生活，成为信息的创造者和传播者。再次，个体通过在线学习、远程工作等数字化方式扩展了自己的能力和机会，提高了职业和社交的灵活性。最后，个体在数字社会中面临着数字隐私和安全的挑战。随着个人数据的不断生成和收集，保护个体的数字隐私成为一项重要的任务。数字安全意识的提高和相关法律法规的制定都是保障个体权益的重要步骤。总体而言，数字化转型在个体层面塑造了更丰富、便捷、灵活的数字化体验。然而，随之而来的挑战也需要社会和个体共同努力，以保障数字社会中个体权益和隐私的安全。数字化转型是社会进步的动力，但也需要谨慎应对其中的社会伦理和法律问题，以确保数字社会的可持续发展。

第二节　数据的价值与潜力

一、数据的价值

(一) 数据的实际价值

1. 商业领域中的数据实际应用

在商业领域中，数据的实际应用广泛涉及市场营销、客户关系管理和销售预测等方面。这些应用不仅提高了企业的决策水平，还优化了运营效率，最终提升了盈利能力。首先，市场营销方面的数据应用是非常关键的。通过分析市场数据，企业可以更好地了解目标客户的需求、喜好和行为模式。基于这些数据，企业可以精准定位目标市场，制定更有针对性的营销策略，提高广告投放的效果。例如，通过分析社交媒体数据，企业可以了解用户的兴趣爱好，从而进行个性化的广告推送，增强用户体验，提高转化率。其次，客户关系管理（CRM）中的数据应用是关键的一环。通过收集和分析客户的数据，企业可以更好地理解客户的需求，提供个性化的服务，增强客户忠诚度。数据驱动的 CRM 系统可以帮助企业跟踪客户的交互历史、购买习惯，预测客户未来的需求，从而实现更有效的客户关系管理。最后，销售预测是商业领域中另一个关键的数据应用领域。通过分析历史销售数据、市场趋势等信息，企业可以进行准确的销售预测，优化库存管理，避免过剩或缺货情况。数据驱动的销售预测模型可以帮助企业更好地了解产品的受欢迎程度，制定合理的价格策略，并作出更明智的生产和推广决策。总体而言，商业领域中的数据实际应用涵盖了市场营销、客户关系管理和销售预测等多个方面。通过数据的深度分析，企业能够更加精准地了解市场和客户，制定更有效的战略，从而提高竞争力和盈利能力。

2. 科学、医疗等领域中的数据实际应用

在科学、医疗等领域，数据的实际应用对于推动科学进步和改善医疗服务至关重要。首先，在科学研究领域，数据的分析对于推动科学进步起到关键作用。科研人员可以通过大规模的数据收集和分析来探索新的科学理论、验证假设，发现新的模式和规律。例如，在天文学领域，天文观测数据被用于研究星系的形成和演化，推动了对宇宙的深刻理解。其次，医疗领域中的数据应用对于实现个性化医疗具有重要意义。通过收集患者的基因信息、生理参数、病历等多维度的数据，医疗机构可以运用大数据分析技术，实现对疾病的更准确的诊断和治疗方案的个性化设计。这有助于提高治疗效果、降低医疗成本，并为患者提供更好的医疗体验。另外，数据在药物研发过程中也发挥着重要作用。通过分析大量的生物信息学数据和临床试验数据，科学家可以更加高效地筛选潜在的药物目标，加速新药物的研发过程。这有助于缩短药物上市周期，提高新药的研发成功率。总体而言，科学、医疗等领域中的数据实际应用推动了科学研究的深入发展和医疗服务的个性化和精准化。通过数据的深度分析，这些领域能够更好地理解复杂的系统，为未来的科学发现和医疗创新提供更多可能性。

（二）数据的潜在价值

1. 数据在新技术中的潜在应用

在新兴技术领域，数据有着广泛的潜在应用，包括但不限于人工智能、物联网和区块链。这些技术与数据的结合为未来的创新领域提供了丰富的可能性。其一，人工智能（AI）是一个潜在应用广泛的领域。数据是训练和优化机器学习算法的关键资源。在图像识别、自然语言处理、语音识别等领域，数据被用来训练模型，使人工智能系统能够更准确地理解和处理信息。AI还可以通过对大量数据的分析，发现隐藏在数据中的模式，提供更智能的决策和预测。其二，物联网（IoT）是另一个数据潜在应用广泛的领域。物联网设备通过传感器和互联技术收集大量实时数据，涉及从智能家居、智能城市到工业生产等各个领域。这些数据可以用于监测设备状态、优化运行效率、提高生产质量等方面，从而实现更智能、高效的系统。其三，区块链技术的发展也与数据密切相关。区块链通过去中心化和分布式的方式存储和验证数据，确保数据的安全性和透明性。在金融、供应链、智能合约等领域，区块链可以改变传统的数据管理方式，提高数据的可信度，减少数据篡改的可能性。总体而言，数据在新技术中的潜在应用是推动创新和改变行业格局的重要因素。通过深入研究数据在人工智能、物联网、区块链等新兴技术中的应用场景，我们能够更好地预见未来技术发展的方向，以及数据在推动这些技术创新中的关键作用。

2. 数据驱动的新业务模式

数据驱动的新业务模式在创业、数字化服务和共享经济等领域发挥着关键作用，改变了传统产业格局，创造了新的商业机会。首先，在创业领域，数据成为创业者的宝贵资产。通过收集和分析市场数据、用户行为数据，创业者可以更准确地定位市场需求，制定创业战略。数据还可以帮助创业者更好地了解竞争对手，优化产品设计，提高市场竞争力。一些初创公司依赖大数据分析，通过创新的数据模型和算法，打破传统产业的壁垒，创造全新的商业价值。其次，在数字化服务领域，数据驱动新业务模式的发展。通过用户数据的分析，数字服务提供商可以实现个性化推荐、定制化服务，提高用户体验。例如，数字化广告平台通过分析用户的点击和购买行为，为广告商提供更精准的广告定向服务，提高广告投放的效果。数字化服务的发展也催生了许多新型的互联网企业，如在线教育、在线医疗等，通过数据驱动的方式提供更智能化、个性化的服务。最后，在共享经济领域，数据起到了连接和优化资源的作用。共享经济平台通过收集和分析用户行为数据，优化资源配置，提高服务效率。例如，共享出行平台通过数据分析优化车辆调度，提高空车利用率；共享住宿平台通过用户评价和偏好数据推荐更匹配的住宿选择。这些共享经济平台通过数据驱动的方式实现了资源的最大化利用,创造了全新的商业模式。总体而言,数据驱动的新业务模式在创业、数字化服务和共享经济等领域展现了强大的创新潜力。通过深入分析和应用数据,企业可以更好地满足市场需求,提高效率,创造更有竞争力的商业模式。这也凸显了数据在商业创新中的关键作用,为未来的商业发展提供了巨大的机遇。

(三) 数据对决策的直接价值

数据对决策的直接价值在大数据时代变得尤为显著,对于提供全面信息、降低决策的不确定性以及促进更明智的战略和政策制定发挥了关键作用。首先,数据提供全面信息。通过大数据的分析,决策者能够获取更全面、详细的信息,涵盖市场趋势、竞争对手动态、客户需求等多个方面。这种全面信息有助于决策者更准确地了解当前局势,作出更有针对性的决策。其次,数据降低决策的不确定性。大数据分析可以帮助识别潜在的风险和机会,提前发现趋势变化。决策者可以借助数据模型进行预测和模拟,降低不确定性,更有信心地制定战略和决策。最后,数据促进更明智的战略和政策制定。通过对大量数据的深度分析,决策者可以更好地理解市场和社会的动态,制定更明智的长期战略和政策。政府机构可以利用数据制定更有效的公共政策,企业可以根据市场数据调整经营战略,从而更好地适应变化的环境。通过实际案例,我们可以看到数据对决策的直接经济和社会价值。例如,零售行业通过分析购物行为数据优化库存管理和定价策略,提高销售效益;医疗领域通过分析患者数据实现个性化治疗,提高治疗成功率。这些例子凸显了数据对于提升决策质量和带来实际效益的直接价值。总体而言,数据对决策的直接价值在大数据时代越发凸显,对于经济和社会的发展都起到了积极的推动作用。数据的全面信息、降低不确定性和促进明智决策的特性使其成为决策过程中不可或缺的组成部分。

二、数据的潜力

(一) 数据在新技术领域的潜力

1. 数据与人工智能的融合

在数据与人工智能的融合中,数据发挥着至关重要的作用,为机器学习算法提供训练样本，增强人工智能系统的智能性和学习能力。其一，数据为机器学习提供训练样本。在机器学习领域，算法通过对大量数据的学习来识别模式、建立模型。数据作为机器学习的基石，通过训练模型，使其能够从过往的经验中学习，提高对未知数据的预测和处理能力。例如，在图像识别领域，通过大量图像数据的训练，机器学习算法可以识别和分类图像中的物体。其二，数据的多样性和量级对人工智能系统的性能至关重要。多样性的数据集能够使机器学习算法更全面地理解不同情境和场景，提高系统的适应性。同时，大规模的数据集有助于训练更复杂、准确的模型，使人工智能系统具备更高的智能性和泛化能力。另外，数据的实时性对于人工智能系统的响应速度和即时性决策至关重要。在一些应用场景中，如自动驾驶、金融交易等，实时数据的处理和分析能力直接影响人工智能系统的性能。通过实时数据，系统可以及时感知和适应环境的变化，提高决策的及时性和准确性。通过具体案例，我们可以揭示数据在推动人工智能创新中的关键作用。例如，语音助手通过分析大量语音数据进行语音识别，自然语言处理系统通过学习大规模文本数据来理解人类语言。这些例子展示了数据如何驱动人工智能系统的不断进步，促使技术的创新和应用的拓展。总体而言，数据与人工智能的融合是推动人工智能领域发展的关键因素。数据为机器学习提供了基础，多样性和量级的数据集提高了系统的性能，实时数据则使人工智能系统更具适应性和灵活性。这种融合为人工智能技术的不断演进和应用的广泛拓展提供了有力支持。

2. 数据与机器学习的协同

数据与机器学习的协同作用是推动机器学习算法性能和效果的关键因素。以下是数据在机器学习中的应用方面，以及如何影响算法的性能和效果：首先，特征工程是数据与机器学习协同的重要环节。特征工程涉及选择、转换和创建对模型预测有意义的特征。优质的特征能够提供更有信息量的输入，帮助机器学习模型更好地学习和理解数据。数据的质量和多样性直接影响特征工程的效果，因此，数据在特征工程中的选择和处理至关重要。其次，数据在模型训练中发挥关键作用。机器学习算法通过学习数据中的模式和规律来进行模型训练。训练数据的质量和数量直接影响模型的泛化能力。足够丰富和多样的训练数据能够帮助模型更好地适应新的数据，提高模型的性能。再次，数据的标注质量对于监督学习模型的训练也至关重要。最后，数据在模型优化中的作用也不可忽视。通过使用训练数据进行模型优化，调整模型参数，提高模型的性能和泛化能力。优化过程中需要充分利用数据集中的信息,避免过拟合或欠拟合,以达到模型在实际应用中更好的效果。通过案例研究,我们可以深入了解数据在机器学习中的协同作用。例如,在自然语言处理领域,通过使用大量的文本数据进行训练,模型能够学到更复杂的语言规律;在图像识别领域,通过丰富的图像数据集,模型能够更准确地识别和分类图像中的物体。总体而言,数据与机器学习的协同作用对于提高模型性能和推动新技术领域的潜在能力至关重要。充分利用数据的信息,精心进行特征工程、模型训练和优化,是实现数据与机器学习协同的关键步骤。这种协同作用推动了机器学习领域的不断创新和发展。

(二)数据驱动业务模式的潜力

1. 数据经济学的影响

数据经济学对业务模式的潜在潜力产生了深远的影响,将数据视为企业核心资产,影响着商业模式的设计和实施。首先,数据作为核心资产。在数据经济学中,数据被视为一种宝贵的资源,企业通过收集、存储、分析和应用数据,将其转化为商业价值。数据的价值不仅体现在其本身,更在于企业如何善于利用数据来支持决策、创新产品和服务,以及优化运营。将数据作为核心资产,企业可以更好地理解市场需求、优化流程,从而塑造更具竞争力的业务模式。其次,数据的交换、共享和开放对产业链的影响。数据经济学强调数据的流动性和可访问性,鼓励企业之间进行数据交换和共享。通过共享数据,企业可以更好地理解市场动态、合作伙伴的需求,加强产业链上下游的合作。数据的开放性也促使企业创新,通过整合外部数据源,实现更全面的业务发展。这种数据的流通和开放性对于构建更加协同和创新的业务模式起到关键作用。最后,数据经济学影响着商业模式的设计和实施。企业在设计商业模式时需要考虑如何最大限度地发挥数据的价值,包括数据的收集、存储、分析和应用。新型的业务模式通常更加注重数据驱动的决策和创新,借助数据经济学的理念构建更具智能化和灵活性的商业模式。例如,许多企业通过数据分析和智能化技术提供个性化的产品和服务,以满足不同客户的需求。通过深入分析数据经济学的影响,我们可以看到数据不仅是信息的载体,更是企业成功的关键因素。将数据作为核心资产、促进数据的交换、共享和开放,以及在商业模式设计中充分利用数据的价值,是构建创新业务模式的关键策略。数据经济学的理念推动了企业迈向更加数字化、智能化的未来。

2. 数据创新的推动

数据创新在推动业务模式方面发挥了关键作用，激发企业创新，引领新兴市场和业务领域的发展。首先，数据创新催生新的商业机会。通过充分利用数据，企业可以发现新的市场需求、客户行为模式和创新点。例如，基于用户行为数据的个性化推荐系统，可以帮助电商平台更好地满足用户需求，提高销售额。数据的分析还能够揭示新的产品或服务的可能性，推动企业开拓新的商业领域。其次，数据创新推动企业从传统到数字化的转型。许多行业正在经历数字化转型，通过数据创新来重新定义业务模式。例如，传统零售业通过采集和分析大量购物数据，实现线上线下的融合，提供更智能化的购物体验。数据驱动的数字化转型使企业更加灵活、高效地运营，实现业务的持续创新。最后，数据创新展示了对业务模式的潜在潜力。通过案例研究，我们可以看到一些企业通过数据创新成功地转变了传统的商业模式。例如，共享经济平台通过数据驱动的方式实现了资源的更好利用，推动了新型的共享业务模式的崛起。这种基于数据的业务模式创新为企业提供了更多的增长机会和竞争优势。总体而言，数据创新对业务模式的推动是推动企业发展的关键因素。通过挖掘数据的价值，发现新的商业机会，实现数字化转型，企业可以更好地适应市场变化，创造新的价值。数据创新展示了对传统业务模式进行颠覆性改变的潜在潜力，为企业在竞争激烈的市场中保持竞争力提供了新的途径。

（三）数据在社会问题解决中的潜力

数据在解决社会问题方面的潜力是巨大的，它可以在医疗、教育、环保等领域发挥关键作用。通过案例研究，可以深入了解数据在社会问题解决中的实际潜力。首先，数据在医疗领域的应用。通过医疗数据的收集和分析，可以实现个性化医疗、疾病预测和药物研发等方面的创新。例如，基于大数据分析的医学影像识别技术可以帮助医生更准确地诊断疾病，提高治疗效果。同时，患者健康数据的实时监测也为疾病的早期预防和管理提供了新的手段。其次，数据在教育领域的应用。通过分析学生的学习数据，教育机构可以更好地了解学生的学习习惯、需求和潜在问题。个性化的学习路径和智能化的辅助系统可以提高学生的学习效果。例如，学习平台通过分析大量学生的学习数据，为每个学生提供个性化的学习建议，促进他们更好地掌握知识。另外，数据在环保领域的应用也具有潜在能力。通过监测大气、水质、土壤等环境数据，可以实现对环境污染的实时监测和预警，为环境管理提供科学依据。例如，空气质量监测站通过大数据分析，可以及时发现并应对空气污染问题，提高城市的环境质量。通过案例研究，我们可以深刻了解数据在社会问题解决中的实际潜力。这些应用不仅带来了技术创新，更为社会带来了实质性的改变。数据的应用使得社会能够更有效地应对各种挑战，提高决策的科学性和准确性，为解决社会问题提供了新的思路和工具。

（四）数据与可持续发展的潜在关联

数据与可持续发展之间存在着紧密的关联，数据的合理应用可以促进经济增长与环境保护之间的平衡，推动可持续发展的实现。通过深入研究数据在可持续发展目标中的作用，揭示数据在塑造未来可持续社会的潜力。首先，数据在资源管理和效率提升中的应用。通过监测和分析资源利用的数据，可以更有效地管理资源，减少浪费，提高利用效率。例如，智能城市的建设可以通过大数据来实时监测城市交通、能源使用情况等，从而进行智能调度，减少能源浪费和交通拥堵，推动城市可持续发展。其次，数据在环境监测和保护中的作用。通过大数据分析环境数据，可以及时发现并应对污染、气候变化等环境问题。监测大气、水质、土壤等多个方面的环境数据，有助于实现可持续的环境保护。例如，全球气象数据的分析可以用于预测极端天气事件，提前采取措施减少自然灾害的影响。另外，数据在可持续发展目标评估和监测中的作用也至关重要。通过对经济、社会、环境等多维度的数据进行监测和评估，可以更好地了解可持续发展目标的实现情况，指导决策和政策的制定。数据的透明度和可追溯性也有助于社会对于可持续发展的过程进行监督和参与。通过深入研究数据与可持续发展的关联，我们可以更清晰地认识到数据在促进经济、社会和环境的平衡中的潜力。数据的科学应用可以成为可持续发展的有力工具，为决策者提供准确的信息，帮助社会更好地走向可持续的未来。数据的智能应用不仅可以推动经济增长，还能够为环境和社会的可持续发展提供支持，实现经济繁荣与环境保护的共赢。

第三节 大数据的基础概念

一、大数据的内涵

大数据的内涵远不仅仅是指数据的规模庞大,还包括了多样性、速度、价值密度和真实性等方面。第一,数据的规模是大数据的显著特征之一。大数据通常以海量的数据量为特点,这包括传统数据库无法处理的超大规模数据集。这种规模的增长主要来源于互联网、传感器、社交媒体等多个数据源的不断产生和积累。第二,大数据具有多样性。这意味着数据有不同的来源和形式,包括结构化数据(如数据库中的表格)、半结构化数据(如 XML 文件)和非结构化数据(如文本、图像、音频等)。多样性的数据使得分析更加复杂,但也提供了更全面的视角。第三,大数据的速度是关键因素。与传统数据处理不同,大数据的生成速度非常快,要求系统能够实时或准实时地处理和分析数据。例如,社交媒体上的实时更新、物联网设备的实时监测都需要及时响应。第四,大数据的价值密度是指从数据中提取有用信息的能力。尽管大数据包含了大量的信息,但其中只有一小部分对于特定问题或目标是有价值的。因此,挖掘和分析数据以提高价值密度成为大数据处理的关键任务。第五,大数据的真实性强调数据的可信度和准确性。随着数据源的增多,数据的质量和真实性变得更为关键。确保大数据的真实性有助于防止错误的决策和误导性的结论。综合而言,大数据的内涵包括规模、多样性、速度、价值密度和真实性等多个方面。理解这些特征有助于更好地应对大数据时代的挑战,充分发挥数据的潜在价值。

二、大数据的特点

(一)体量(Volume)

体量(Volume)大是大数据的一个关键特征,指的是数据的规模之大,远超过传统数据处理工具的处理能力。大数据的体量通常以海量、巨量甚至是异常庞大的数据集为特征。这一巨大增长主要来自互联网、传感器、社交媒体等多个数据源的不断产生和积累。与传统的数据处理方式相比，大数据的数据量级呈指数级增长。大数据的体量并不仅是指单一来源的大规模数据，还涉及多样性的数据来源。这包括结构化数据（如数据库中的表格）、半结构化数据（如 XML 文件）和非结构化数据（如文本、图像、音频等）。这样的多样性使数据的处理和分析更为复杂。大数据的体量通常要求具备实时或准实时处理的能力。数据的产生速度之快需要系统能够及时响应，以便实时监测、分析和作出决策。例如，社交媒体上的实时更新、物联网设备的实时监测等都要求高度的实时性。庞大的数据体量给数据的存储和处理带来了巨大的挑战。传统的数据库系统和处理工具可能无法有效应对这样规模的数据，因此，需要采用分布式存储和计算等技术，如 Hadoop、Spark 等，来解决存储和处理的问题。虽然大数据包含了大量的信息，但其中只有一小部分对于特定问题或目标是有价值的。因为数据体量的增加也带来了数据的冗余和噪声，挖掘和分析庞大的数据集以提高数据的价值密度成为一个重要任务。总体而言，大数据的体量特点凸显了数据规模之巨大，对数据处理和分析提出了更高的要求。理解大数据的体量特点有助于采用适当的技术和策略，以充分发挥庞大数据集的潜在价值。

（二）多样性（Variety）

多样性（Variety）是大数据的另一个重要特点，指的是数据的种类繁多，包括结构化数据、半结构化数据和非结构化数据。结构化数据是以表格形式组织的数据，具有清晰的数据模型和定义。这包括关系数据库中的数据，如表格、行和列。结构化数据通常易于存储、查询和分析，是传统数据库中常见的形式。然而，在大数据环境下，结构化数据只是众多数据类型中的一小部分。半结构化数据没有明确定义的数据模型，但包含有关如何组织数据的一些结构信息。常见的半结构化数据包括 XML、JSON 等格式的数据。这些数据通常更灵活，适用于不同的应用场景，但也增加了数据处理和分析的复杂性。非结构化数据是最具挑战性的一类数据，它没有明确的结构和模型，通常以自由形式存在，如文本文档、图像、音频和视频等。这种数据类型的增长迅速，如社交媒体上的评论、照片和视频内容。处理非结构化数据需要使用先进的文本挖掘、图像分析和语音识别等技术。多样性不仅表现在数据类型上，还表现在数据来源的多元性上。大数据可以来自各种各样的来源，包括传感器、社交媒体、日志文件、移动设备等。这使得数据的多元性更为复杂，需要综合考虑多个数据源的特点和差异。数据的多样性给数据分析和应用带来了挑战,因为传统的数据处理工具可能无法直接处理这样多样的数据类型。然而,多样性也带来了丰富的信息和机遇,能够提供更全面、深入的洞察力。处理多样性数据的挑战促使了新型数据处理工具和算法的不断发展。总体而言,多样性是大数据的重要特点,需要灵活的技术和方法来处理不同类型和来源的数据。理解和充分利用数据的多样性有助于在大数据时代更全面地洞察信息,作出更准确的决策。

(三)速度(Velocity)

大数据的速度特点是指数据产生、传输和处理的速度之快。在大数据环境下,数据的生成速度非常迅猛,来源包括传感器、社交媒体、日志文件等多个渠道。这些数据以高速涌现,要求系统能够快速捕捉、存储和处理。实时数据处理变得至关重要,因为传统的批处理方式已经无法满足快速生成的大量数据的需求。实时数据处理允许系统在数据产生的同时进行即时的分析和决策,提高了响应速度。这对于需要快速决策和实时应用的场景至关重要,如金融交易、在线广告投放等。速度特点对实时决策和应用产生深远影响。通过实时数据处理,企业能够更迅速地获取有关市场趋势、用户行为等信息,从而作出更精准的决策。在竞争激烈的市场中,快速响应市场变化可以为企业带来竞争优势。此外,实时应用的出现也改变了许多行业的业务模式,如共享经济、智能交通等领域都依赖实时数据处理来实现高效运作。总的来说,大数据的速度特点要求系统具备快速捕捉、存储和处理数据的能力,实时数据处理成为满足这一需求的关键。这也推动了许多创新技术和应用的发展,为各行各业带来了更多的机遇和挑战。

(四)真实性(Veracity)

大数据的真实性特点强调数据的质量和可信度,是大数据分析的基础和前提。确保数据的准确性对于取得可靠的分析结果至关重要。在大数据环境下,数据的来源多样且庞大,可能包含不同格式、不同精度的信息,因此,数据的一致性和准确性面临挑战。其中的噪声、错误或异常数据可能对分析造成负面影响。为了确保数据的真实性,需要采取一系列方法来处理这些挑战。数据清洗是确保数据真实性的重要步骤之一。通过清理、去重、纠错等操作,可以消除数据中的错误和异常,提高数据的质量。

此外，建立数据质量监控系统也是确保数据真实性的有效手段，通过实时监测数据质量指标，及时发现并处理问题。处理数据不确定性也是确保真实性的关键。大数据环境下，数据的不确定性普遍存在，如由于传感器误差、网络延迟等原因引起的数据延迟或不完整。使用统计方法、模型建设、数据融合等技术可以有效地处理数据的不确定性，提高数据的可信度。总的来说，确保大数据的真实性需要在数据采集、清洗、存储和分析的各个环节都进行有效管理。这需要综合运用技术手段和管理策略，以确保数据的质量和可信度，从而为大数据分析提供可靠的基础。

三、大数据的重要性

（一）决策制定

大数据在决策制定方面的重要性不可忽视。通过提供更全面、实时的信息，大数据为决策者提供了更准确的基础，有助于制定更明智的决策。举例来说，假设一家零售公司利用大数据分析来监测销售数据、顾客购买行为以及市场趋势。通过实时分析这些数据，公司可以更好地了解哪些产品受欢迎，哪些地区有潜在的市场增长，以及如何优化库存管理。这些信息可以直接影响企业的战略规划。例如，调整产品组合、优化供应链，甚至是进入新市场。在组织层面，大数据的运用也可以改变决策流程。以医疗领域为例，通过分析大量的患者数据和医疗研究结果，医疗决策者可以制定更个性化的治疗方案，提高患者治疗的效果。这种基于大数据的个性化医疗决策可以显著改善患者的治疗体验和治疗效果。总体而言，大数据为决策者提供了更深入的洞察力，使其能够更准确地理解环境变化和趋势。这有助于制定更具前瞻性和针对性的决策，推动企业和组织更好地适应竞争激烈和快速变化的市场环境。

（二）业务创新

大数据在业务创新中发挥着关键的作用，为企业提供了更多的机会。通过深入分析市场趋势、消费者行为等信息，大数据促使企业推动新产品和服务的开发，从而保持在竞争中的领先地位。举例而言，一家电商公司可以利用大数据分析用户购物历史、浏览行为和社交媒体数据，以更好地了解用户喜好和趋势。基于这些信息，公司可以推出个性化推荐系统，为用户提供定制化的购物体验。这种业务创新不仅提高了用户满意度，还增加了销售额。在制造业领域，大数据可以用于监测设备状态、生产效率等方面的数据，从而实现预测性维护和智能制造。这种创新可以降低生产成本、提高生产效率，并且为企业打造具有竞争力的生产模式。大数据还促使企业探索新的商业模式。例如，共享经济的兴起就部分归因于对大数据的充分利用。共享经济平台通过收集和分析大量用户数据，优化资源配置，提供更智能的服务，推动了新的商业创新。总体而言，大数据为企业带来了业务创新的巨大机会，使其能够更敏捷地适应市场需求和变化。通过充分利用大数据分析，企业可以不断挖掘新的商机，推动产品和服务的创新，保持在竞争中的领先地位。

（三）社会发展

大数据对社会发展具有重要影响，其作用不仅局限于商业领域，还在医疗、教育、城市规划等方面发挥着积极作用。通过深入分析数据，大数据推动了社会各个层面的进步，为可持续发展和智能化社会作出了重要贡献。在医疗领域，大数据的运用可以加强疾病监测、提高诊断精度，并推动个性化医疗的发展。通过分析患者的基因数据、医疗记录等信息，医疗决策者能够更准确地制定治疗方案，提高治疗效果。此外，大数据还有助于流行病学研究，提前发现和防控传染病。在教育领域，大数据分析可以优化教育资源分配，提升教学质量。通过监测学生学习数据，教育机构能够更好地了解学生的学习需求，个性化地提供教育服务。这有助于培养更具创新力和适应力的人才，推动教育体系朝着更智能化的方向发展。在城市规划方面，大数据可以用于交通流量监测、城市能源管理、环境监测等。通过实时分析这些数据，城市规划者能够更有效地制定城市发展策略，提高城市运行效率，改善居民生活质量。智能城市的建设离不开对大数据的充分利用。总体而言，大数据为社会发展带来了前所未有的机遇和挑战。通过推动各个领域的创新和进步，大数据有望为社会的可持续发展和智能化进程作出积极贡献，为构建更加智慧、高效的社会奠定基础。

第二章 大数据的价值

第一节 大数据促进传统媒体转型

一、传统媒体的内涵

传统媒体指的是在数字化之前主导信息传播的媒体形式,包括报纸、电视、广播等。这些媒体在信息传播中扮演了重要角色,并在很长一段时间内是主流的信息来源。报纸作为传统媒体的代表之一,长期以来是人们获取新闻信息的主要途径之一。报纸报道涵盖了各个领域的新闻,为公众提供了广泛而深入的信息。然而,随着数字化时代的到来,报纸面临着来自在线新闻平台的竞争,以及纸质媒体减少的趋势。电视是另一种传统媒体形式,以其图像和声音的结合为观众呈现信息。电视节目包括新闻、娱乐、纪录片等,广泛满足了不同观众群体的需求。然而,随着互联网的普及,许多人转向在线视频平台,改变了他们获取信息和娱乐的方式。广播是通过无线电波传播音频信息的传统媒体形式。广播节目覆盖了新闻、音乐、访谈等多个领域,是人们在日常生活中常常接触的媒体之一。虽然广播在某些地区仍然是主要的信息来源,但数字化媒体的兴起使得人们有更多选择,也推动了广播行业的变革。传统媒体在数字化时代面临了挑战,但它们仍然在某些方面具有独特的价值。传统媒体与数字媒体共同构成了信息传播的多元化格局,为不同类型的观众提供了多样化的选择。随着技术的不断发展,传统媒体也在逐步融合和创新,以适应现代社会的需求。

二、大数据促进传统媒体转型的方法

（一）媒体内容个性化

1. 用户数据收集

大数据推动了传统媒体对用户数据的收集。通过监测用户在媒体平台上的浏览历史、点击行为、搜索记录等数据，传统媒体能够建立详细的用户画像，深入洞察用户的兴趣、偏好和行为习惯。这种用户数据的收集为传统媒体提供了宝贵的信息资源。通过分析用户数据，媒体公司能够了解受众群体的特征，从而更有针对性地制定内容和广告投放策略。例如，如果媒体发现某一用户群体对特定主题的报道更感兴趣，他们可以调整编辑方向以提供更符合需求的内容，提高用户满意度。用户数据的收集还有助于传统媒体实施个性化推荐服务。通过分析用户的阅读、观看、听取历史，媒体可以利用推荐算法向用户推送更相关、个性化的内容，提高用户留存和参与度。这种个性化推荐不仅提升了用户体验，也有助于媒体更好地满足用户多样化的需求。然而，随着用户数据收集的增加，媒体也需要注意用户隐私和数据安全的问题。保护用户数据的隐私和安全是确保媒体可持续发展的重要因素。因此，在进行用户数据收集时，媒体需要遵循相关法规和道德准则，确保用户的权益得到妥善保护。

2. 个性化推荐算法

个性化推荐算法在传统媒体中的运用确实为用户提供了更加个性化和定制化的内容推荐体验。首先，通过收集用户数据，算法可以深入了解用户的浏览历史、点击偏好、搜索习惯等信息，从而建立用户画像。这有助于更准确地理解用户的兴趣和需求。其次，基于这些用户画像，个性化推荐算法能够精准预测用户可能感兴趣的内容。通过分析用户过去的行为和反馈，算法可以识别出用户的潜在兴趣点，并向其推荐相关领域的新闻、文章或视频。这种个性化的推荐方式极大地提高了用户发现感兴趣内容的效率，节省了用户寻找信息的时间。个性化推荐算法还具有时效性和即时性。通过实时更新用户画像和分析最新的数据，算法能够迅速调整推荐策略，及时反映用户最新的兴趣点。这有助于保持推荐内容的新鲜度和时效性，使用户始终能够获取到最符合他们当前需求的信息。此外，个性化推荐算法也在一定程度上提高了用户体验的个性化程度。用户看到的新闻、文章或视频更符合其个人口味，从而增强了用户对传统媒体的满意度。这种个性化的体验有助于提升用户的忠诚度，使其更愿意长期使用特定的传统媒体平台。然而，值得注意的是，个性化推荐算法也面临一些挑战，如用户隐私保护、信息过滤的偏好陷阱等问题。因此，在应用个性化推荐算法时，传统媒体仍需要平衡个性化和隐私保护之间的关系，以确保用户在享受个性化服务的同时，也能够保持信息的安全性和合理性。

3. 内容呈现优化

大数据的个性化推荐使传统媒体能够优化内容呈现方式。通过了解用户的偏好，媒体可以调整页面布局、字体大小、颜色搭配等细节，以更好地迎合用户口味，提供更舒适的阅读或观看体验。这种定制化的内容呈现增强了用户对传统媒体的黏性。举例来说，如果个性化推荐算法显示用户更喜欢阅读图文并茂的新闻报道，传统媒体可以调整其新闻页面的设计，增加图像和图表的使用，使阅读体验更富有吸引力。对于视频媒体，可以根据用户的喜好调整字幕样式、颜色搭配，以提高用户的观看体验。内容呈现优化不仅包括对页面设计的调整，还涉及内容的编辑和排版。通过分析用户的行为数据，媒体可以了解用户更倾向于哪种类型的标题、文章长度、多媒体元素的使用等，从而在内容制作上更符合用户的偏好。这样的优化不仅提高了用户的满意度，也有助于延长用户在媒体平台上的停留时间。此外，通过大数据分析用户的社交媒体分享和评论数据，媒体还可以了解用户对特定内容的反馈和互动情况，进而做出更有针对性的调整。例如，根据用户热烈的讨论和分享，媒体可以调整相关内容的推送策略，增加相关话题的深度报道。总体而言，大数据的个性化推荐为传统媒体提供了更多优化内容呈现方式的可能性。通过不断调整和优化，媒体能够更好地迎合用户需求，提升用户体验，从而在激烈的媒体竞争中保持竞争力。

（二）精准广告投放

1. 用户行为分析

大数据在传统媒体中实现了对用户行为的精准分析。通过深入挖掘用户在媒体平台上的浏览历史、点击行为、搜索记录等数据，媒体可以全面了解用户的兴趣、偏好和需求。这样的用户行为分析为媒体提供了有力的依据，使其能够更好地理解受众群体。通过用户行为分析，媒体可以识别不同用户群体之间的差异，了解不同用户对内容的反应和偏好。例如，某些用户可能更喜欢科技类新闻，而另一些用户可能更关注娱乐资讯。这种深入的用户行为分析使媒体能够更有针对性地制定内容策略，提供更符合用户兴趣的信息，从而提高用户的满意度和忠诚度。此外，用户行为分析还能揭示用户在媒体平台上的互动模式。媒体可以了解哪些内容更容易引起用户的评论、分享或点赞，进而调整编辑策略，推出更具互动性的内容。这有助于增强用户参与度，促进社交分享，扩大媒体的影响力。用户行为分析也为广告定向提供了基础。通过了解用户的行为和兴趣，媒体可以更准确地定位广告受众，提高广告的点击率和转化率。这为媒体创造更多的广告收入提供了支持。总的来说，大数据在传统媒体中的用户行为分析不仅帮助媒体更深入地了解受众，也为内容定制、互动体验和广告营销等方面提供了有力支持。这种精准分析使传统媒体更能够适应不断变化的用户需求和市场环境。

2. 目标受众锁定

基于用户行为分析，大数据帮助传统媒体实现了对目标受众的精准锁定。通过识别用户特征和行为模式，媒体可以精准地将广告推送给潜在感兴趣的用户群体。这种精准锁定目标受众的能力极大地提高了广告投放的效果，减少了资源浪费。通过大数据分析，媒体可以确定用户的兴趣、购买习惯、地理位置等关键信息，从而更准确地判断哪些广告内容对特定用户更具吸引力。例如，如果用户在媒体平台上频繁阅读健康类文章，媒体可以将相关健康产品的广告精准地推送给这一目标受众。这种精准锁定不仅在数字广告中发挥着关键作用，也逐渐应用于传统媒体的广告投放。例如，在报纸或杂志上，通过分析读者的阅读历史和兴趣，可以更好地选择合适的广告内容，提高广告的曝光效果。精准锁定目标受众还有助于提高广告的点击率和转化率。当广告更符合用户的兴趣和需求时，用户更有可能对广告作出积极的反应，从而提高广告投放的效果，实现更好的营销回报。总的来说，大数据在传统媒体中的目标受众锁定方面发挥了重要作用，使广告更具针对性和个性化，提高了广告的有效性和营销效果。这也是数字化时代传统媒体保持竞争力的重要一环。

3. 广告转化率提升

通过精准广告投放，大数据的应用显著提升了广告的转化率。这是因为广告更精准地触达了潜在客户，符合其兴趣和需求，用户更有可能对广告做出积极响应。这不仅增加了广告主的满意度，也使传统媒体在广告市场中更具竞争力。通过大数据分析用户行为，媒体能够更好地理解用户的喜好和购买习惯。基于这些信息，广告可以更有针对性地呈现给潜在客户，提高了广告的相关性和吸引力。当广告内容与用户兴趣高度匹配时，用户更有可能点击广告、了解产品，并最终进行购买或其他预期的行为。精准广告投放还能够降低广告的观众浪费。通过将广告仅推送给潜在受众，媒体能够减少广告投放给不感兴趣或不相关的用户的情况。这种定向性的广告投放减少了资源的浪费，提高了广告的效益。随着广告转化率的提升，媒体不仅能够提供更具效果的广告服务，也吸引更多广告主选择在其平台上投放广告。这为传统媒体创造了更多的广告收入，增强了其在广告市场中的竞争力。总体而言，通过大数据的应用，精准广告投放在提高广告转化率方面发挥了关键作用。这不仅对广告主和媒体自身有利，也为传统媒体在数字化时代保持竞争力提供了有力支持。

（三）社交媒体整合

大数据促使传统媒体与社交媒体进行整合。通过分析社交媒体上的热点话题、用户评论等数据，传统媒体可以更好地把握公众舆论和社会趋势，调整报道策略，提高新闻报道的时效性和吸引力。社交媒体整合使传统媒体能够更及时地捕捉到社会上发生的重要事件和话题。通过监测社交媒体平台上的关键词和热门话题，媒体可以快速了解公众关注的焦点，并迅速反应，推出相关报道。这种实时性的反馈有助于传统媒体更灵活地应对新闻报道的需求，保持新闻的及时性和敏感度。社交媒体整合还提供了更广泛的信息来源。通过分析用户在社交媒体上的评论和分享，传统媒体可以获取更多公众的声音和观点。这有助于媒体更全面、多元地呈现新闻，提高报道的客观性和多样性。另外，社交媒体整合也为传统媒体提供了更直接的互动渠道。通过参与社交媒体平台，媒体可以与受众进行实时互动，了解他们的反馈和意见。这种互动不仅加强了媒体与受众之间的联系，也为媒体提供了改进报道和服务的有益信息。总体而言，社交媒体整合使传统媒体能够更好地利用大数据，更灵活地应对新闻报道的挑战。通过把握社交媒体上的信息和舆论，传统媒体能够更全面、及时地满足受众的需求，提高报道的质量和影响力。

(四) 用户行为分析

大数据帮助传统媒体进行用户行为分析。通过收集用户在媒体平台上的行为数据，如阅读时间、浏览路径等，媒体可以深入了解用户习惯，优化内容布局和推荐算法，提升用户黏性和留存率。用户行为分析通过大数据技术可以更全面地了解受众的需求和兴趣。媒体可以分析用户在不同时间段的活跃度，了解哪些类型的内容在何时更受欢迎。这种洞察有助于媒体更有针对性地安排内容发布时间，提高用户在特定时间段的参与度。通过分析用户浏览路径，媒体还可以了解用户在媒体平台上的兴趣转变和关联性。这使媒体能够优化内容推荐算法，向用户提供更相关、个性化的内容。当用户感到媒体能够准确理解他们的兴趣时，他们更有可能持续访问和参与。用户行为分析还有助于媒体识别和处理流失风险。通过监测用户的活跃度和停留时间，媒体可以及时发现潜在的流失趋势，并采取相应的措施，如改进内容质量、提供个性化服务，以留住受众。综合而言，用户行为分析通过大数据的支持，使传统媒体更能够理解受众，提升用户体验，从而增加用户黏性和留存率。这对于传统媒体在数字化时代保持竞争力至关重要。

最后，大数据推动传统媒体创新商业模式。通过分析大数据，媒体可以开发付费订阅模式、会员服务等新型商业模式，更好地满足用户需求，实现收入多元化。这种商业模式的创新为传统媒体在数字化时代保持竞争力提供了新思路。

第二节　大数据促进商业变革

一、大数据促进商业变革的意义

大数据促进商业变革的意义在于提供了新的洞察和机会，推动了企业在多个层面的发展和创新。首先，大数据改变了决策的方式。通过分析大规模的数据集，企业可以作出更明智、基于数据的决策。这有助于降低决策的风险，并使企业更灵活地应对市场变化。决策者能够基于实时数据作出更准确的判断，从而更好地规划战略和优化业务流程。其次，大数据推动了创新和业务模式的变革。通过深入分析客户行为、市场趋势等数据，企业能够发现新的商机和创新点。这种洞察力有助于企业开发新产品、提供个性化服务，并更好地满足客户需求。大数据还促使企业重新审视其业务模式，寻找更高效、创新的方式来运营和服务客户。大数据还在营销领域发挥着重要作用，帮助企业更精准地了解和触达目标受众。通过个性化的营销策略和广告投放，企业能够提高客户参与度和品牌忠诚度。这不仅推动了销售增长，也提升了市场竞争力。另外，大数据还推动了供应链的优化。通过实时监测库存、生产和物流等信息，企业能够更好地协调供应链环节，降低成本，提高效率。这有助于建立更灵活、响应迅速的供应链体系，适应市场变化和客户需求的快速变化。总体而言，大数据促进商业变革的意义在于为企业提供了更深入的理解和更灵活的运营手段。通过充分利用大数据的洞察力，企业能够更好地应对市场挑战，创造更多价值，并在激烈的商业竞争中保持竞争力。

二、大数据促进商业变革的具体体现

（一）商业决策的精准性和迅速性

大数据为企业提供了更全面、深入的市场和业务信息。通过对大规模数据的分析，企业能够更准确地了解市场趋势、竞争格局以及客户需求。这使得商业决策能够更加精准和迅速，帮助企业更好地适应变化并抓住商机。

1. 数据收集和整合

大数据的第一步是收集数据，企业需要收集来自各个渠道的大规模数据。这涵盖了多个来源，包括社交媒体、销售数据、客户反馈等。通过从多个渠道收集数据，企业能够获取更全面、多维度的信息，从而更好地理解市场和业务环境。随后，这些数据需要被整合，以建立一个全面而一致的数据集。数据整合是关键的步骤，因为它确保了企业拥有一个完整的、相互关联的数据集。这使得企业能够从不同来源的数据中提取有意义的关联性，形成更全面的洞察。整合后的数据集为后续的分析和决策提供了可靠的基础。整合的过程也包括清洗和处理数据，以确保数据的质量和一致性。清理数据可以解决数据中的错误、缺失或重复，确保分析过程中得到的结论更加准确和可信。这一阶段的数据收集和整合为企业提供了更深入的洞察，使其能够更全面地了解市场趋势、客户需求和业务运营状况。这为企业制定战略和决策提供了坚实的数据基础。

2. 高级分析和模型应用

大数据的真正力量在于其分析能力。企业通过应用高级分析技术和建立预测模型，能够深入挖掘数据中的模式和趋势。这一层面的目标是利用数据洞察，准确地了解市场趋势、竞争格局，以及客户行为。在高级分析阶段，企业可以运用各种数据挖掘机器学习算法，以发现隐藏在数据背后的规律。例如，通过聚类分析可以识别出不同的客户群体，通过关联分析可以揭示产品或服务之间的关联性。这些分析方法帮助企业更深入地理解数据，从而作出更有针对性的决策。建立预测模型是另一个关键的方面。通过使用机器学习算法，企业可以预测市场趋势、需求变化和客户行为。这有助于企业提前作出调整，更灵活地适应市场的变化。预测模型还可以在销售预测、库存管理等方面提供有力的支持，使企业能够更精准地规划业务活动。总体而言，高级分析和模型应用阶段使企业能够从大数据中挖掘更深层次的价值。通过深入的数据分析，企业可以更准确地洞察市场动态，优化业务流程，并制定更具前瞻性的战略规划。这为企业提供了在竞争激烈的市场中脱颖而出的机会。

3. 实时性和即时反馈

大数据不仅关注对历史数据的分析，还注重实时性。通过实时监控数据流，企业能够获得即时反馈，迅速识别和应对市场变化。这种实时性使得商业决策能够更灵活、更迅速地调整战略，以适应瞬息万变的市场环境。实时监控数据流的好处在于，企业可以立即察觉到重要事件、趋势或异常情况。例如，在零售业中，实时监控可以帮助企业迅速调整库存策略，以满足突然增长的需求或处理产品过剩的情况。在市场营销中，实时监控可以帮助企业调整广告和促销策略，以更好地响应客户行为和市场竞争动态。即时反馈也为客户服务提供了机会。通过实时分析客户的行为和需求，企业可以更快速地提供个性化的服务和支持。这有助于提高客户满意度，并增强客户忠诚度。实时性的关注还使企业能够更及时地发现潜在的问题和机遇。在监控社交媒体上的即时反馈时，企业可以迅速应对负面舆论或挖掘用户对产品的积极反馈。这有助于保护品牌声誉并优化产品或服务。总体而言，实时性和即时反馈使企业能够更灵活地应对市场的变化，及时调整业务策略，提高决策的效率和准确性。这是大数据在商业领域产生深远影响的一个关键方面。

4. 决策支持系统的建立

为了确保商业决策的精准性,企业通常会建立决策支持系统。这一系统整合了大数据分析的结果,并提供可视化和易于理解的信息。决策者可以通过这个系统更直观地了解市场状况,作出基于数据的决策。决策支持系统的建立涉及将大量的分析结果、洞察和预测整合到一个集中的平台上。这使得决策者能够在一个地方获取关键的业务指标,了解企业的整体绩效和市场动态。通过可视化工具,决策者可以轻松地查看数据图表、趋势分析和关键指标,从而更好地理解数据背后的故事。这种系统的建立不仅提供了更全面的数据视图,还增强了决策的透明度。决策者可以清晰地看到数据的来源、分析方法和结论,使决策过程更加可信和可追溯。这对于团队合作和共享决策信息非常重要。决策支持系统还能够帮助企业建立实时监控机制,迅速响应市场的变化。通过设定警报和实时仪表板,企业可以在关键业务指标达到或超过特定阈值时立即收到通知,从而及时采取行动。总体而言,决策支持系统的建立是大数据应用的一个重要环节,它将企业的大数据分析结果以直观、可操作的方式呈现给决策者,提高了决策的准确性和效率。这为企业在竞争激烈的市场中保持敏捷性和创新性提供了有力支持。

5. 持续优化和反馈机制

商业决策不是一次性的事情,而是一个持续的过程。在这个层面上,大数据的反馈机制起到关键作用。通过不断监测决策的实施效果,企业可以调整和优化策略,确保其始终保持精准性和有效性。持续优化和反馈机制通过实时数据的分析,帮助企业了解决策的实际效果。企业可以设定关键绩效指标(KPIs)并监测其在实施决策后的变化。这有助于评估决策的成功与否,并发现可能需要调整的地方。反馈机制还能够及时发现潜在的问题。如果决策实施后出现负面效果,企业就可以迅速作出反应,调整战略,避免进一步损失。同时,也能够发现意外的积极效果,为企业带来新的机会。这个阶段的关键是建立一个有效的反馈回路。通过定期的数据分析和评估,企业可以及时了解业务的变化,并根据实际情况调整决策和战略。这种持续的反馈机制使企业能够更加灵活地应对市场变化,不断优化业务流程和决策。总体而言,持续优化和反馈机制是大数据应用的最后一环,它使企业能够在竞争激烈的市场中不断学习、适应和创新。通过不断改进决策和业务流程，企业可以更好地应对市场的挑战，保持领先地位。

（二）业务流程的优化与效率提升

大数据分析有助于发现业务流程中的瓶颈和低效环节。通过实时监测和分析数据，企业能够迅速识别并解决问题，优化生产流程，提高效率，降低成本。这种实时优化的能力为企业创造更灵活、高效的运营模式。

1. 流程识别与映射

在大数据应用的第一步，企业需要进行流程识别与映射。通过收集和分析数据，企业可以清晰地了解整个业务流程，从而确定流程中的各个环节和关键节点。这为后续的优化提供了基础。流程识别与映射的目标是深入了解业务运作的全貌。企业可以通过收集数据来追踪和记录业务流程中的各个步骤。这可能涉及从生产到销售再到客户服务的整个价值链。通过分析这些数据，企业可以可视化整个流程，识别潜在的瓶颈、效率低下的环节以及改进的机会。关键是要确定业务流程中的关键节点，即对业务成功至关重要的步骤。这可能包括生产中的关键环节、销售过程中的决策点或客户服务中的关键互动。通过识别这些关键节点，企业可以集中精力优化最为关键的部分，以提高整体业务效率和质量。流程识别与映射还有助于建立一个共享的业务理解，通过将业务流程以可视化的方式呈现给团队成员，企业可以促进团队间的沟通与协作。这有助于确保所有团队成员对业务流程有一致的理解，并为整个组织提供一个共同的视角。总体而言，流程识别与映射是大数据应用中的关键一环，它为企业提供了深入了解业务运作的机会，为后续的优化和改进提供了基础。这是建立在数据洞察之上的第一步，使企业能够更全面地理解和管理其业务流程。

2. 实时监测和分析

大数据的实时性使得企业能够在业务流程中进行实时监测。通过持续地收集和分析数据，企业可以迅速识别出现的问题、瓶颈和低效环节。这种实时监测的能力为企业提供了快速响应的机会。实时监测和分析确保企业能够及时发现潜在的问题和机会。如果某个环节出现异常或效率降低，企业可以立即采取行动，防止问题扩大。例如，在生产过程中，实时监测可以帮助企业检测设备故障或质量问题，以避免生产线停滞或产品质量下降。此外，实时监测还支持即时决策。当企业领导或操作人员能够实时了解业务流程中的状态时,他们可以迅速作出决策,调整运营策略,确保业务流程的顺畅运行。这有助于提高业务的灵活性和适应性。在销售和客户服务领域,实时监测也非常重要。通过实时分析客户的行为和反馈,企业可以调整销售策略、改进客户服务,以更好地满足客户需求。这有助于提高客户满意度和忠诚度。总体而言,实时监测和分析是大数据应用中的关键一环,它为企业提供了及时了解业务流程状况的能力,使其能够更迅速地作出反应、优化业务流程,并保持在竞争激烈的市场中的竞争力。

3. 问题诊断与解决

大数据分析有助于深入诊断业务流程中的问题。通过识别根本原因,企业可以采取有针对性的解决措施,而不仅仅是对症下药。这种问题诊断的能力使得业务流程优化更为彻底和持久。大数据分析可以帮助企业深入挖掘数据,找到导致问题的潜在原因。通过对业务流程中各个环节的数据进行分析,企业可以识别出瓶颈、低效操作或不必要的复杂性。这种深度分析有助于理解问题的本质,而不仅仅是表面现象。问题诊断的过程中,大数据还可以帮助企业建立模型和进行预测。通过对历史数据和趋势的分析,企业可以预测未来可能出现的问题,并采取预防措施。这有助于企业在问题发生之前就进行干预,提高业务的稳定性和可靠性。问题诊断与解决不仅关注当前问题,还考虑长期的业务优化。通过深入了解问题的本质,企业可以采取根本性的改变,以确保问题不再重复发生。这种持久性的解决方案有助于建立更稳健的业务流程。总体而言,问题诊断与解决是大数据应用中的重要环节,它通过深入的数据分析和理解,使企业能够更全面地解决业务流程中的问题,提高运营效率和质量。

4. 效率提升与成本降低

大数据的优势在于其对数据的深度分析,这为企业提供了提升效率和降低成本的机会。通过优化流程,消除瓶颈,企业能够更高效地运营,实现生产成本的降低,从而提高整体盈利能力。通过大数据分析,企业可以识别出业务流程中的低效环节和浪费,进而采取措施进行优化。这可能包括改进生产线的布局,优化供应链管理,或者简化决策流程。通过这些改进,企业可以提高生产效率,降低运营成本。大数据还可以帮助企业更精确地预测需求,优化库存管理。通过分析市场趋势和客户行为,企业可以更准确地预测产品需求,避免过量的库存或缺货现象。这有助于降低库存成本,并确保企业能够满足市场需求。在人力资源管理方面,大数据分析也能够帮助企业更好地利用人力资源,提高员工效率。通过分析员工的工作流程和绩效数据,企业可以优化工作安排,提高员工的生产力,同时确保合理的劳动力成本。总体而言,效率提升与成本降低是大数据应用中的一个重要目标。通过深入的数据分析和优化业务流程,企业能够实现更高效的运营,降低成本,提高盈利能力。这是大数据为企业带来实际经济效益的关键之一。

5. 灵活的运营模式

实时优化业务流程不仅仅是为了解决问题,更是为了创造一个灵活的运营模式。大数据分析使得企业能够根据市场变化和内部需求迅速调整业务流程,保持灵活性,更好地适应不断变化的商业环境。在灵活的运营模式中,企业能够实时了解市场趋势、竞争动态和客户需求的变化。通过大数据分析,企业可以迅速获取有关市场的信息,从而及时作出调整。这种敏捷性有助于企业更好地把握市场机会,降低风险。灵活的运营模式还涉及对内部业务流程的调整和优化。通过实时监测生产、供应链、销售等环节的数据,企业可以迅速发现潜在问题,并采取措施加以解决。这有助于提高生产效率、降低成本,并确保企业能够灵活应对市场需求的变化。大数据分析还支持企业在产品开发和创新方面的灵活性。通过分析市场反馈和竞争动态,企业可以调整产品设计、推出新产品,以满足客户不断变化的需求。这使企业能够更灵活地应对市场竞争,保持创新力。总体而言,灵活的运营模式是大数据应用中的一个重要目标,它使企业能够更迅速地调整业务流程,更灵活地适应市场的变化。这种灵活性是在竞争激烈和不断变化的商业环境中取得成功的关键之一。

(三) 个性化营销和客户体验

大数据的力量使企业能够深入了解客户的喜好、行为和需求。通过分析大数据,企业可以实施个性化营销策略,为客户提供更符合其期望的产品和服务。这种个性化的方法不仅提高了客户满意度,还增强了客户忠诚度。

1. 客户行为分析

在大数据应用的第一步,企业通过客户行为数据进行深入分析。这可能包括客户在网站上的浏览记录、购买历史、社交媒体互动等。通过了解客户行为,企业可以洞察客户的喜好和偏好。客户行为分析的目标是深入了解客户的行为模式。通过收集和分析客户在各个渠道上的行为数据，企业可以了解客户在购物、使用产品或服务时的偏好和习惯。这种了解有助于企业更好地满足客户需求，提高客户满意度。通过客户行为分析，企业可以建立客户画像。客户画像是对客户特征、兴趣、购买能力等方面的详细描述。这有助于企业更有针对性地推出产品、制定营销策略，并提供个性化的服务。客户画像是个性化营销和服务的基础。此外，客户行为分析还能够帮助企业发现潜在的交叉销售机会。通过分析客户购买历史和浏览行为，企业可以推测客户可能感兴趣的其他产品或服务，并进行有针对性的推荐。这有助于提高交叉销售的成功率。总体而言，客户行为分析是大数据应用中的关键一环，它为企业提供了深入了解客户需求和行为的机会，从而为个性化营销和服务打下基础。

2. 个性化推荐系统

基于客户行为分析，大数据支持企业建立个性化推荐系统。这种系统利用算法预测客户可能感兴趣的产品或服务，并在网站或应用中进行个性化推荐。这提高了客户发现新产品的可能性，增强了购物体验。个性化推荐系统依赖大数据分析，通过分析客户的浏览历史、购买记录、评价等数据，识别客户的偏好和兴趣。基于这些数据，系统使用算法生成个性化的推荐，向客户展示他们可能感兴趣的产品或服务。这种定制化的推荐可以提高客户的购物满意度，促使他们发现并购买新的产品。这种系统的好处之一是提高了销售的机会。通过向客户推荐他们可能喜欢的产品，企业可以增加交叉销售和附加销售的机会。客户更有可能购买推荐的产品，从而提高销售额。个性化推荐系统还有助于提高客户忠诚度。当客户感到他们得到了个性化的关注和服务时，他们更有可能保持对品牌的忠诚。这种个性化的关怀能够建立起更紧密的客户关系，促使客户持续购买。总体而言，个性化推荐系统是大数据应用中的一个重要应用，它通过深入分析客户行为数据，提供个性化的产品或服务推荐，提高客户满意度和忠诚度，同时促进企业的销售增长。

3. 定制化营销策略

大数据为企业提供了制定定制化营销策略的能力。通过深入了解客户需求，企业可以设计针对性的营销活动，向特定群体推送相关信息，提高广告和促销的效果，从而增加销售机会。定制化营销策略依赖于对客户数据的深度分析。企业可以通过大数据分析客户行为、偏好、购买历史等数据，建立客户画像。基于这些画像，企业可以设计符合特定客户群体兴趣的广告、促销和营销活动。一种常见的应用是通过电子邮件或短信向客户发送个性化的促销信息。通过了解客户的购买历史和偏好，企业可以发送有针对性的促销优惠，提高客户对促销活动的响应率。这有助于增加销售量，并提高客户满意度。大数据还支持企业在社交媒体等渠道上进行定制化广告投放。通过分析客户在社交媒体上的行为，企业可以更精准地定位目标受众，向他们推送相关的广告内容，提高广告的点击率和转化率。定制化营销策略不仅提高了广告效果，还加强了品牌与客户之间的关系。当客户感到企业了解并关注他们的需求时，他们更有可能建立起对品牌的信任和忠诚。这种关系的建立有助于长期客户保持和口碑传播。总体而言，定制化营销策略是大数据应用中的一个重要方面，它通过深入了解客户需求，提供个性化的广告和促销活动，增加销售机会，同时加强了品牌与客户之间的关系。

4. 实时互动和个性化沟通

大数据支持实时的客户互动和个性化沟通。通过分析实时数据，企业可以根据客户当前的需求和兴趣，及时调整营销信息和沟通方式。这种实时互动提高了客户体验，使其感到更加个性化的关怀。实时互动和个性化沟通依赖大数据的实时监测和分析能力。企业可以实时追踪客户在网站、应用或社交媒体上的行为，了解他们的当前关注点和行为模式。基于这些数据，企业可以及时调整沟通内容和方式，提供更符合客户期望的信息。一种常见的应用是在网站上实现个性化内容推荐。通过分析客户在网站上的浏览行为，企业可以实时推送符合其兴趣的产品或文章。这种实时个性化的内容推荐不仅提高了用户体验，还增加了客户对网站的停留时间和互动频率。在客户服务方面，实时互动使得企业能够更迅速地响应客户的问题和需求。通过实时监测客户的反馈和查询，企业可以立即提供相关信息或解决方案，提高客户满意度。个性化沟通也体现在其他渠道，如移动应用通知、短信营销等。通过根据客户的实时行为和偏好，企业可以发送个性化的通知，提高通知的点击率和用户参与度。总体而言，实时互动和个性化沟通是大数据应用中的一个关键领域，它通过利用实时数据，使企业能够更及时、更个性化地与客户互动，提升客户体验和满意度。

5. 客户反馈与持续改进

大数据分析不仅帮助企业了解客户喜好，还提供了收集客户反馈的渠道。通过分析客户反馈数据，企业可以不断改进产品和服务，满足客户不断变化的需求，增强客户忠诚度。客户反馈是一种宝贵的信息源，可以通过多种渠道收集，包括在线调查、社交媒体评论、客户服务交流等。大数据分析可以帮助企业整合和分析这些反馈数据，洞察客户对产品、服务和品牌的看法。通过客户反馈数据的分析，企业可以识别出潜在的问题和改进点。了解客户的不满和建议，企业可以迅速采取措施进行改进，提高产品和服务的质量。这种持续的改进过程有助于保持客户满意度，并促使客户保持忠诚。大数据分析还能够帮助企业发现新的市场趋势和客户需求。通过分析大量的反馈数据，企业可以识别出客户新的期望和趋势，从而及时调整战略，推出符合市场需求的新产品或服务。客户反馈数据的分析也是建立强大的客户关系管理系统的基础。通过整合不同渠道的反馈数据，企业可以建立客户画像，更好地了解客户需求，提供个性化的服务，增强客户与企业的关系。总体而言，客户反馈与持续改进是大数据应用中的一个重要环节，它通过分析客户反馈数据，帮助企业改进产品和服务，满足客户需求，提高客户忠诚度，从而在竞争激烈的市场中取得优势。

（四）新商业模式的创新

大数据的广泛应用推动了许多行业内的创新商业模式的涌现。通过深度挖掘数据，企业能够发现新的商业机会，创造全新的价值链和商业生态系统。这种创新有时涉及跨行业合作和数字化转型，为企业带来更灵活和可持续的竞争优势。

1. 数据驱动的商业模型

大数据推动了企业向数据驱动的商业模型转变。通过深度挖掘数据，企业可以建立以数据为核心的商业模型，从而更好地理解市场、客户需求，以及业务运作的最佳实践。这种模型使得企业能够更精准地制定战略和决策，实现可持续竞争优势。在数据驱动的商业模型中，数据成为企业决策的重要依据。通过收集、整合和分析大量的内部和外部数据，企业可以更全面地了解市场趋势、竞争格局以及客户行为。这种数据驱动的洞察力有助于企业更准确地识别商机和挑战。数据驱动的商业模型还强调实时性和快速决策的重要性。通过实时监控和分析数据流，企业可以迅速响应市场变化，调整战略和运营计划。这使得企业能够更灵活地适应竞争激烈和不断变化的商业环境。一个典型的例子是电子商务领域的个性化推荐系统。通过分析用户的浏览历史、购买记录等数据，电商企业可以实时推荐符合用户兴趣的产品，提高购物体验，同时促进销售增长。总体而言,数据驱动的商业模型使得企业能够更深入地了解市场和客户,更快速地作出决策,从而在竞争激烈的商业环境中取得竞争优势。

2. 跨界合作与生态系统建设

大数据创新商业模式通常涉及跨界合作和建设全新的商业生态系统。通过共享和整合各方数据,企业可以与其他行业的企业建立合作关系,创造更为综合和有机的商业生态。这种跨界合作为企业带来了更广阔的商业机会和创新空间。跨界合作的核心在于整合不同行业的数据和资源,形成更为综合的价值链。例如,一家智能家居公司可能与电信运营商合作,通过整合家庭设备数据和网络数据,提供更智能化的家庭服务。这种合作既可以拓展企业的市场覆盖范围,也可以提升产品和服务的综合体验。此外,跨界合作还可以促成新的商业模式的出现。通过整合不同行业的专业知识和技术,企业可以创造全新的商业生态系统,提供更全面的解决方案。例如,健康科技公司与健身设备制造商合作,通过整合健康数据和运动数据,提供个性化的健康管理服务。跨界合作也有助于降低创新的风险和成本。合作伙伴可以共享资源、技术和市场知识,加速创新的推进。这种协同的方式使得企业能够更快速地适应市场变化,推出创新性产品和服务。总体而言,跨界合作和生态系统建设是大数据创新商业模式的重要组成部分。通过整合不同行业的数据和资源,企业可以拓展商业边界,创造更为综合和创新的商业生态,为企业的可持续发展提供更广阔的机遇。

3. 个性化产品和服务

大数据分析为企业提供了深入了解客户需求的能力,从而支持个性化产品和服务的创新。企业可以根据客户的喜好和行为,定制符合其需求的产品和服务,提高客户满意度,赢得市场份额。个性化产品和服务的实现依赖对客户数据的深度分析。通过收集和分析客户的购买历史、浏览行为、偏好等数据,企业可以建立客户画像,了解客户的个体差异和需求变化。基于这些数据,企业可以定制化产品和服务,满足客户的个性化需求。在零售行业,个性化推荐是一个常见的应用。通过分析客户的购物历史和喜好,零售商可以向客户推荐符合其兴趣的产品,提高购物体验,同时促进交易的完成。这种个性化推荐不仅增加了销售机会,还提高了客户对品牌的忠诚度。在服务行业,个性化服务也得到了广泛应用。例如,银行可以根据客户的财务状况和投资偏好,提供个性化的财务规划建议。这种个性化服务不仅增强了客户满意度，还提高了客户对服务机构的信任。此外，个性化产品和服务还可以通过定制化的营销活动和促销来实现。企业可以根据客户的特征和偏好，设计定制化的优惠和奖励方案，提高客户对促销活动的参与度。总体而言，大数据分析为企业提供了深入了解客户的能力，支持个性化产品和服务的创新。通过满足客户的个性化需求，企业可以提高客户满意度，建立良好的客户关系，同时在竞争激烈的市场中取得竞争优势。

4. 数字化转型与智能化运营

大数据推动了企业的数字化转型，使得传统产业得以智能化运营。通过采集和分析大数据，企业可以优化生产、供应链和销售等方面的运营，实现更高效、更智能的业务模式。这种数字化转型为企业带来了更灵活和可持续的经营方式。数字化转型的核心是将传统业务过程转变为数字化形式，并利用大数据分析实现更智能、更高效的运营。例如，在制造业中，通过物联网设备采集生产线上的实时数据，企业可以实现生产过程的实时监控和优化。这种数字化的生产方式不仅提高了生产效率，还减少了资源浪费。在供应链管理方面，大数据分析可以帮助企业更精准地预测需求，优化库存管理，并加强对供应链的可视化监控。这使得企业能够更灵活地调整供应链策略，应对市场变化，降低运营风险。智能化运营还体现在销售和营销方面。通过分析客户行为和市场趋势，企业可以制定更精准的销售和营销策略。例如，零售商可以根据客户购物历史和偏好，个性化定价和促销活动，提高销售效果。数字化转型也涉及企业内部的管理和决策过程。通过建立数字化的决策支持系统，企业领导层可以更直观地了解业务状况，作出更准确的决策。这种数字化的管理方式提高了企业的反应速度和决策效率。总体而言，大数据推动了企业的数字化转型和智能化运营，为传统产业带来了新的增长和竞争优势。通过充分利用数据，企业能够更好地适应市场变化，提高运营效率，实现可持续发展。

5. 创新的商业价值链

大数据的创新推动了整个商业价值链的重新塑造。通过深度挖掘数据，企业可以找到新的业务机会和盈利点，从而重塑整个产业的商业价值链。这种重塑为企业带来了更大的创新空间和商业增长潜力。在供应链管理方面，大数据分析可以优化物流和库存管理，提高供应链的效率。通过实时监控和预测需求，企业可以更精准地调整生产和供应计划,降低库存成本,提高交付速度。这种供应链的优化不仅减少了运营风险,还为企业创造了更灵活和可持续的供应链模式。在产品开发和创新方面,大数据分析可以为企业提供更深入的市场洞察。通过分析市场趋势、竞争格局和消费者行为,企业可以更准确地把握市场需求,推出符合市场期望的新产品。这种市场导向的创新有助于企业在竞争激烈的市场中保持领先地位。数字化营销和销售是商业价值链中另一个重要的创新领域。通过个性化推荐、定制化营销和数据驱动的销售策略,企业可以更精准地与目标客户互动,提高销售效果。这种数字化的营销和销售方式不仅增加了客户参与度,还提升了品牌的影响力。总体而言,大数据的创新推动了商业价值链的重新塑造,为企业带来了更大的创新空间和商业增长潜力。通过整合数据和优化业务流程,企业能够在各个环节寻找新的商业机会,提高效率,实现可持续发展。

(五)风险管理与安全性

大数据分析不仅可以帮助企业发现商机,还能够识别和管理潜在的风险。通过监控和分析数据,企业可以更好地预测市场波动、制定风险管理策略,以及保障数据的安全性。大数据技术的应用为企业提供了更全面、实时的风险管理工具。

1. 市场风险预测与分析

市场风险预测与分析是大数据分析的重要应用领域之一。通过监测大规模的市场数据,企业可以更准确地预测市场波动和行业趋势,从而降低对市场波动的敏感性,提高业务的稳定性。大数据分析可以帮助企业深入了解市场动态,识别潜在的风险因素。通过分析市场趋势、消费者行为、竞争格局等数据,企业可以提前发现市场中的变化和潜在威胁。这种预测性的分析有助于企业及时调整战略,避免受到市场波动的冲击。例如,在金融行业,大数据分析可以用于预测股市波动、汇率变动等。通过监测大量的交易数据和市场指标,企业可以利用先进的算法模型进行市场风险分析,提前识别潜在的市场风险。这使企业能够更灵活地调整投资组合,降低投资风险。在零售行业,大数据分析也可以用于预测市场需求和消费趋势。通过分析消费者的购物历史、社交媒体互动等数据,企业可以更好地理解消费者的喜好和行为,预测产品的热销趋势,及时调整库存和推出促销活动。总体而言,市场风险预测与分析通过大数据分析为企业提供了更准确的市场信息和预测能力。这有助于企业更好地应对市场波动,降低经营风险,提高业务的稳定性。

2. 客户信用风险管理

客户信用风险管理是大数据技术的一个重要应用领域。通过对客户的支付历史、购买行为等数据进行深入分析，企业可以更全面地评估客户的信用风险，制定相应的信用管理策略，降低逾期和欠款风险。大数据分析可以帮助企业建立客户信用评估模型，通过综合考虑客户的多个方面信息，如支付记录、债务情况、购买历史等，为每个客户分配一个信用分数。这种个性化的信用评估模型能够更准确地反映客户的信用状况，帮助企业更好地管理信用风险。例如，在金融行业，银行可以利用大数据分析技术来评估个人和企业的信用风险。通过分析客户的贷款还款历史、账户余额、收入状况等数据，银行可以更准确地判断客户的还款能力和信用状况，从而制定合理的贷款额度和利率。在零售行业，大数据分析也可以用于客户信用风险管理。通过分析客户的购物行为、支付历史等数据，零售商可以识别潜在的逾期和欠款风险，采取针对性的措施，如限制信用额度或提醒客户及时还款。总体而言，大数据技术在客户信用风险管理方面提供了强大的工具和方法。通过深入分析客户数据，企业能够更全面地了解客户的信用状况，制定有效的信用管理策略，降低逾期和欠款风险，保护企业的财务安全。

3. 实时风险监控和应对

实时风险监控和应对是大数据应用的重要方面之一。大数据的实时性使得企业能够及时发现潜在的风险信号，迅速采取措施应对，防范风险发展成为实际问题。通过实时监控数据流，企业可以及时获取有关市场、客户、供应链等方面的信息。这些数据包括市场波动、竞争动态、客户行为变化、供应链状况等。通过大数据分析，企业能够识别出异常或潜在的风险因素，并在最早的阶段采取措施，防止问题进一步扩大。例如，在金融领域，大数据实时监控可以用于检测异常交易和欺诈行为。通过分析大量的交易数据和行为模式，系统可以及时发现异常交易模式，提醒风险控制团队进行进一步调查和处理，以防止金融欺诈事件的发生。在供应链管理方面，实时监控可以帮助企业识别潜在的供应链风险，如供应商延迟、物流问题等。通过及时获取这些信息，企业可以调整采购计划、寻找备用供应商，以确保供应链的稳定性。实时风险监控也在企业内部的运营和员工行为方面发挥作用。通过监控员工的操作、系统性能等实时数据，企业可以及时发现潜在的内部风险，如数据泄露、系统故障等，并采取相应的应对措施。总体而言，实时风险监控和应对通过大数据分析为企业提供了更灵活、更迅速的风险管理能力。及时发现并应对潜在风险有助于保护企业的利益，提高业务的韧性和稳定性。

4. 数据安全与隐私保护

数据安全与隐私保护在大数据应用中是至关重要的方面。随着大量敏感信息被收集和处理，企业必须采取有效措施以确保这些数据不受到恶意攻击和泄露的威胁。首先，先进的加密技术是保障数据安全的基石。通过对数据进行加密，即使数据被非法获取，也难以解读其内容。采用强大的加密算法，可以有效防范各类安全威胁，确保数据在传输和存储过程中得到充分保护。其次，访问控制是数据安全的重要组成部分。企业应该建立严格的访问权限，确保只有授权人员能够访问特定的敏感信息。通过细粒度的访问控制策略，可以限制用户对数据的访问范围，降低数据泄露的风险。身份验证也是确保数据安全的不可或缺的一环。采用多层次的身份验证机制，如双因素认证，可以有效防止未经授权的人员访问敏感数据。通过验证用户的身份，企业可以确保只有合法用户能够使用和操作大数据系统。综合考虑，通过加密技术、访问控制和身份验证等多层次的安全措施，企业可以建立起强大的数据安全体系，保护客户和企业的敏感信息不受到威胁。这不仅有助于维护企业的声誉，还能够符合法规要求，提升大数据应用的可信度和可持续发展性。

5. 合规性和法律风险管理

在大数据分析中，合规性和法律风险管理是企业成功运用大数据的关键因素之一。企业在进行大数据分析时，必须牢记各种法规和法律的限制，以免触及法律红线，导致潜在的法律责任和风险。首先，企业需要了解并遵守适用于其所在行业和地区的法规。不同行业和地区可能有不同的数据隐私法规和合规标准，因此，企业在收集、存储和处理数据时必须遵循相关法规，以确保合法性和合规性。大数据技术的应用为企业提供了更好地追踪和管理合规性要求的手段。通过实时监测数据处理流程，企业可以及时发现潜在的合规性问题并采取相应的纠正措施。这包括对数据访问、使用和共享的监控，以确保符合法规的数据处理实践。另外，企业还应该建立健全的法律合同和政策框架，明确数据的所有权、使用规则和责任分工。与数据提供方、合作伙伴和客户之间建立明晰的合同和政策，可以降低法律纠纷的风险，确保各方的权益得到充分保护。总体而言，合规性和法律风险管理需要企业在大数据分析过程中保持高度警惕，不仅要遵循相关法规，还要不断优化内部的合规性管理机制，以应对不断变化的法律环境和业务需求。通过合规性的有效管理，企业可以在大数据应用中取得成功，并建立可持续的、法律风险较低的数据驱动模型。

第三节 大数据改善社会服务

一、医疗健康服务

大数据在医疗领域的应用有助于提升医疗服务的质量和效率。通过分析大量的医疗数据，可以实现疾病的早期预测、个性化治疗方案的制定，提高医疗诊断的准确性。同时，大数据还支持医疗资源的优化分配，提升医疗服务的可及性。

（一）疾病预测与个性化治疗

大数据在医疗领域的应用确实为疾病预测与个性化治疗提供了革命性的机会。通过深度挖掘大规模病患数据，医疗机构能够实现对疾病的早期预测，这对于提高治疗效果和患者生存率至关重要。首先，大数据分析可以综合考虑病患的多维度信息，包括生理指标、基因信息和生活习惯等。通过对这些数据的综合分析，医疗专业人员能够更准确地识别患者的风险因素，早期发现潜在的健康问题。这种早期预测不仅有助于及时干预和治疗，还能够降低医疗成本，提高资源利用效率。其次，大数据为个性化治疗方案的制定提供了有力支持。通过比对大量病例数据，医疗专业人员可以深入了解不同患者对同一治疗方案的不同反应。这有助于制订更为个性化的治疗计划，根据患者的个体特征和疾病状态调整治疗方案，提高治疗的针对性和成功率。总体而言，大数据在疾病预测与个性化治疗方面的应用，不仅有助于提升医疗水平和患者体验，还为医疗决策提供了更科学的依据。然而，同时也需要注意处理大数据时的隐私和安全问题，确保患者的个人信息得到充分保护。

(二) 医疗资源优化与服务可及性

医疗资源优化与服务可及性是大数据在医疗领域的又一重要应用方向。通过深入分析患者就诊数据和医院运营数据，医疗机构可以更精确地了解不同科室和医生的工作情况，从而实现医疗资源的有效配置和优化。首先，大数据分析可以帮助医疗机构了解患者的就诊模式和需求，从而合理规划医疗资源。通过分析患者就诊数据，医疗机构可以预测不同科室的就诊需求，合理安排医生和护士的工作时间，优化医疗资源的利用效率。这有助于减少患者的等待时间，提高医疗服务的效率和质量。其次，大数据支持医疗服务的可及性。通过分析患者的分布、疾病流行趋势等数据，医疗机构可以更精准地规划医疗资源的布局。在需要的地区建立足够的医疗机构和服务点，确保患者能够在就近的地方获得及时有效的医疗服务。这有助于缓解医疗资源不足的情况，提高服务的可及性，使更多人受益于优质的医疗服务。总体而言，大数据在医疗资源优化和服务可及性方面的应用，不仅提升了医疗服务的效率和质量，还有助于解决医疗资源不均衡的问题，为更多人提供高水平的医疗保障。然而，在实施过程中需要注意隐私保护和数据安全，确保患者信息得到妥善处理。

二、教育智能化服务

大数据在教育领域的应用有助于个性化教育服务的提供。通过分析学生的学习数据，可以了解他们的学习风格和需求，从而制订更为个性化的教学计划。大数据还支持学校管理和决策，优化教育资源的配置，提高教育质量。

(一) 学生学习风格与需求分析

学生学习风格与需求分析是大数据在教育领域的一项重要应用。通过深度挖掘学生的学习数据，教育机构能够更全面地了解每个学生的学习情况，为个性化教学提供有力支持。首先，大数据分析学生学习数据可以揭示学生的学科成绩、作业完成情况和在线学习行为等方面的信息。这有助于教育机构全面了解学生的学术水平、学科偏好和学习习惯，为个性化教学提供数据基础。其次，了解学生的学习风格和需求可以帮助教育机构制订更为个性化的教学计划。通过分析学生的学习数据，可以识别每个学生的学习偏好和弱点，从而为其量身定制合适的学习资源和教学内容。这种个性化的教学计划能够更好地满足学生的学科需求和兴趣，提高学习动机和效果。最后，大数据分析还可以为教育者提供关于学生学习模式和习惯的见解。了解学生的学习偏好，例如视觉学习偏好，可以为教育者提供指导，使其能够选择更适合学生的教学方法和资源，提升教学效果。总体而言，学生学习风格与需求分析通过大数据分析为教育机构提供了更深入、更全面的学生信息，有助于实现个性化教学，提高教学质量和学生学习体验。然而，在应用过程中，也需要注意保护学生的隐私和数据安全。

（二）教育资源优化与质量提升

教育资源优化与质量提升是大数据在教育领域的关键应用之一，它能够为教育管理和决策提供科学的数据支持，从而提高整体教育水平。首先，大数据分析可以帮助教育机构优化教育资源的配置。通过深入分析学校的教学资源使用情况、师资力量分布和学科覆盖等数据，教育机构能够更精准地了解各个学科和领域的需求。这有助于合理安排教师和教材，确保每个学科都得到足够的关注和支持，提高教学效果和学生学习体验。其次，大数据在监测教育质量方面发挥了重要作用。通过分析学生的学科成绩、参与课堂活动的频率等数据，教育机构可以实时监测教学过程中存在的问题。这种实时监测能力使得教育者能够及时发现并解决教学中的瑕疵，提高整体教育质量。同时，还可以通过数据分析为教师提供有针对性的培训和支持，促进他们的教学水平提升。总体而言，大数据在教育资源优化和质量提升方面的应用，有助于构建更智能、高效的教育系统。然而，在应用大数据的过程中，需要注意隐私保护和数据安全，确保学生和教师的个人信息得到妥善处理。

三、城市交通和基础设施优化服务

大数据在城市规划中发挥着关键作用，帮助优化交通流量、提升能源效率以及改善基础设施。实时的交通数据分析能够指导交通管理，减少拥堵，提高交通运输效率。此外，大数据还能够监测和预测基础设施的状况，实现及时的维护和管理。

(一) 交通流量优化与拥堵减少

大数据在交通管理中的应用确实为城市交通流量的优化和拥堵减少提供了重要的支持。实时监测交通数据使得城市规划者和交通管理者能够更及时、更精准地了解城市道路的交通状况。首先，通过大数据分析实时交通数据，城市规划者可以实时监测交通流量、车辆密度和道路使用情况。这种实时监测能力使得交通管理者能够快速作出反应，根据实际情况灵活调整交通信号灯的时长、改变道路流向或者提供实时交通信息给驾驶员，以优化交通流量，减少拥堵。其次，大数据还可以用于预测交通拥堵发生的可能性。通过历史交通数据和实时交通信息的分析，系统可以预测未来某个时段可能发生拥堵的区域，从而提前采取措施，如提供替代路线、调整公共交通线路等，以减缓拥堵的发生和发展。另外，大数据还支持交通管理的智能化决策。通过分析大规模的交通数据，城市可以制定更科学合理的交通规划和管理策略，包括道路改建、新交通工具的引入等，以提高城市交通系统的整体效率。综合而言，大数据在交通流量优化和拥堵减少方面的应用，不仅提高了交通管理的反应速度，也为城市规划和决策提供了更有力的数据支持，有望改善城市交通状况，提升居民出行体验。

(二) 能源效率提升与环保交通规划

大数据在能源效率提升和环保交通规划方面的应用，为城市规划者提供了重要的工具和数据支持，有助于推动城市交通向更环保和可持续的方向发展。首先，通过大数据分析交通模式和车辆使用数据，城市规划者可以更全面地了解城市的交通状况。这包括了解不同区域的交通流量、车辆类型和使用频率等信息。通过深入分析这些数据，城市可以制定更具体、更有效的环保交通规划，包括推动低碳出行、发展公共交通系统等措施。其次，大数据的应用有助于提高公共交通系统的效率和吸引力。通过分析大量的交通数据，城市可以更好地优化公共交通线路、车辆调度和服务频率，以适应不同时间段和区域的需求。这有助于提高大众交通工具的利用率，减少私人车辆的使用，从而降低碳排放，提高城市的能源效率。另外，大数据还可以支持城市推动新能源交通工具的发展。通过分析新能源车辆的使用数据，城市可以了解其性能和充电需求，为城市规划者提供数据支持，以推动新能源交通工具的更广泛应用。总体而言,大数据在能源效率提升和环保交通规划方面的应用,为城市提供了更科学、更精准的数据支持,有助于实现城市交通的可持续发展,减少对环境的不良影响。然而,在推动新技术和新政策的过程中,也需要平衡各方利益,确保社会的可持续发展。

(三) 基础设施监测与及时维护

大数据在基础设施监测与及时维护方面的应用,为城市规划者提供了强大的工具,有助于保障城市基础设施的可靠性和持续运行。首先,通过传感器和监测设备采集的数据,城市规划者可以实时监测城市基础设施的状况。这包括道路的交通流量、桥梁的结构健康、水电设施的运行情况等。实时监测的数据为城市规划者提供了全面的信息,使其能够及时发现潜在的故障和问题。其次,大数据分析可以用于预测基础设施的潜在故障。通过历史数据和实时监测数据的分析,城市可以建立预测模型,识别基础设施可能出现问题的迹象。这有助于提前采取维护措施,防止设施的损坏和功能障碍,保障城市基础设施的可靠性和稳定性。另外,大数据分析还可以帮助城市规划者制订更科学合理的维护计划。通过分析不同基础设施的使用情况和寿命,城市可以优化维护计划,合理安排维护资源,提高维护效率。总体而言,大数据在基础设施监测与及时维护方面的应用,为城市规划者提供了更精准、更全面的信息,使他们能够更好地保障城市基础设施的可靠性和稳定性。然而,在应用大数据的过程中,也需要关注数据的安全性和隐私保护,确保敏感信息得到妥善处理。

四、社会福利和贫困救助服务

大数据可以用于更精确地确定贫困人口和社会弱势群体,以确保社会福利资源的合理分配。通过分析社会数据,政府和慈善机构能够更有效地提供援助和救助服务,以改善贫困人口的生活状况。

(一) 贫困人口精准识别与社会数据分析

大数据在贫困人口精准识别与社会数据分析方面的应用,为政府和慈善机构提供了更准确、更全面的信息,有助于优化社会福利资源的分配,确保帮助更多真正需要的人。首先,通过分析社会数据,如收入水平、就业状况、家庭结构等,可以建立贫困人口的精准识别模型。这些模型可以利用大量的数据，深入了解每个个体或家庭的实际情况，从而更准确地判断其是否属于贫困人口。这种精准识别有助于避免一刀切的政策，确保社会福利资源更有针对性地流向真正需要帮助的群体。其次，大数据的分析能力可以帮助政府和慈善机构更全面地了解贫困人口的需求和问题。通过对社会数据的深入挖掘，可以发现贫困人口面临的多维度问题，如教育、医疗、住房等。这有助于制定更全面、更有效的扶贫政策和项目，提供更有针对性的帮助。另外，社会数据分析还可以帮助监测扶贫项目的效果。通过对项目实施过程中的数据进行监测和分析，可以及时发现问题，调整项目方向，确保扶贫措施取得更好的效果。总体而言，大数据在贫困人口精准识别与社会数据分析方面的应用，为社会福利领域提供了更科学、更精准的决策支持。然而，在应用过程中需要关注数据隐私和安全问题，确保敏感信息得到妥善保护。

（二）援助和救助服务的优化

大数据在援助和救助服务优化方面的应用，为政府和慈善机构提供了更全面、更精准的信息，有助于提高服务质量和效果，确保援助更符合贫困人口的实际需求。首先，通过分析社会福利的使用情况，政府和慈善机构可以了解援助服务的实际覆盖范围和受益群体。这有助于评估援助项目的实际影响，发现服务的盲点和不足。通过数据反馈，可以调整援助策略，确保援助服务更全面、更普惠。其次，大数据分析还可以用于评估援助项目的效果。通过监测援助服务的实施过程中产生的数据，可以及时了解项目的执行情况和效果。这种实时监测能力有助于政府和慈善机构及时发现问题，采取相应的改进措施，提高援助服务的实效性。另外，大数据还可以用于个体需求的精准识别。通过深入分析贫困人口的个人信息和生活状况，政府和慈善机构可以更精准地识别每个人的需求，为其提供更符合实际情况的援助服务，避免资源的浪费和分配不公。总体而言，大数据在援助和救助服务的优化方面的应用，有助于提高服务的精准度和实效性，使援助更有针对性，更有效地改善贫困人口的生活状况。在应用过程中，需注重数据隐私和安全，确保贫困人口的个人信息得到妥善保护。

五、应急响应与公共安全服务

大数据在应急响应与公共安全方面发挥着关键作用。通过实时监测社会动态和分析相关数据，政府可以更迅速、精准地响应紧急情况，提高社会的安全性。大数据还支持预测自然灾害和疫情的发生，帮助制定更科学的应对策略。

（一）实时监测与紧急响应

大数据的实时监测能力为政府提供了强大的工具，使得社会动态能够被迅速、全面地了解。通过分析社会媒体、传感器数据、紧急呼叫等信息，政府能够实现对紧急情况的快速识别，包括自然灾害、突发事件等。首先，社会媒体数据的分析可以帮助政府更好地了解公众的实时反馈。人们在社交媒体上分享的信息和情感能够成为紧急情况的早期指标，政府可以通过大数据分析迅速捕捉到这些信号，从而更早地了解到可能发生的问题。其次，传感器数据的实时监测能够提供有关自然灾害和环境状况的重要信息。例如，地震监测、气象传感器等能够实时提供地质和气象数据，帮助政府更早地预测和应对自然灾害的发生，以降低灾害带来的影响。另外，紧急呼叫和应急服务的数据分析能够迅速识别突发事件。通过分析紧急呼叫的数量、位置等信息，政府可以在紧急情况下快速定位问题区域，派遣救援队伍，并提供及时的援助和支持。总的来说，大数据的实时监测与紧急响应的结合，使政府在灾害和突发事件发生时能够更快速、更有针对性地采取行动，保障公众的安全和减少潜在的损失。然而，在应用大数据的过程中，也需要注重隐私保护和数据安全，确保公众的个人信息得到妥善处理。

（二）灾害和疫情预测与科学应对

大数据的分析在灾害和疫情预测方面确实发挥着重要的作用，为政府提供了及早了解潜在风险并科学应对的能力。首先，通过分析气象、地质、人口流动等相关数据，政府可以进行灾害和疫情的预测。气象数据可以用于预测自然灾害如风暴、洪水、火灾等的发生概率，地质数据可用于预测地震等灾害的风险，而人口流动数据则有助于预测疾病传播的可能路径。这些预测使政府能够提前了解可能发生的灾害和疫情，有足够的时间采取相应的防范和应对措施。其次,预测结果为政府制定科学、有针对性的应对策略提供了依据。例如,在灾害预测的基础上,政府可以提前制订疏散计划,调拨救援资源,加强防御工作,以最大限度地减少灾害对人民的影响。在疫情预测方面,政府可以加强监测和早期警报系统,提前准备医疗资源,推行防控措施,以遏制疾病的传播。另外,大数据的分析还可以帮助政府更好地了解灾后或疫情防控期间的情况,及时调整应对策略。通过实时监测社会动态、疫情传播趋势等数据,政府可以灵活应对变化的情况,提高灾害和疫情应对的效果。总体而言,大数据的应用在灾害和疫情预测与科学应对方面,为政府提供了更多的信息和工具,有助于提前预防和有效应对各类突发事件,保障公众的安全和健康。同时,要注意数据的准确性和隐私保护,确保公众的权益得到妥善保护。

第三章　大数据时代金融服务营销变革与创新

第一节　信息技术对金融服务营销的渗透

一、数字化银行服务

信息技术在金融服务中的数字化转型对银行服务产生了深远的影响。通过移动应用和在线平台，客户可以方便地进行账户管理、转账、支付等操作，而无须到实体银行。数字化银行服务提高了用户体验，使得金融服务更加便捷和高效。

（一）智能移动应用的崛起

智能移动应用的崛起确实为数字化银行服务带来了革命性的变化。这些应用的便捷性和多功能性使得用户能够更灵活地管理他们的金融事务，为传统银行业务带来了全新的体验。首先，通过智能移动应用，客户可以方便地随时随地访问其银行账户。无论是在家、在办公室还是在外出旅行，用户都能够通过手机轻松进行账户查询，了解实时的财务状况。其次，这些应用提供了丰富的功能，包括转账、支付账单、申请贷款等多样化的金融操作。用户可以通过智能移动应用完成各种交易，无论是日常生活中的小额支付，还是更复杂的金融操作，都可以在应用中轻松完成，减少了传统银行业务的烦琐流程。此外，智能移动应用还通过引入智能技术，如人工智能和机器学习，提升了用户体验。这些技术能够根据用户的历史交易数据和偏好，提供个性化的金融建议和推荐，使得用户能够更智能地管理自己的财务。总体而言，智能移动应用的崛起为数字化银行服务注入了新的活力，使得金融服务更加便捷、智能化。用户可以更灵活地管理自己的财务,而银行也能够通过数字化手段更好地满足客户的需求。然而,在数字化的进程中,数据安全和隐私保护也是需要被高度关注的问题。

(二) 在线平台的全面覆盖

数字化银行服务的全面覆盖,包括移动应用和在线平台,为客户提供了更多元化的选择,满足了不同用户的习惯和需求。首先,通过在线平台,用户可以通过电脑浏览器访问银行服务,实现更全面的数字化体验。对于一些用户可能更习惯使用电脑进行金融操作,或者在办公场所更方便使用电脑浏览器,这种在线平台的覆盖提供了另一种灵活的选择。其次,全面的在线覆盖使得用户在不同场景下都能方便地享受数字化银行服务。无论是在家中使用电脑,还是在外出时通过手机应用进行金融操作,用户都能够自由选择适合自己的渠道,实现金融服务的便捷和高效。此外,通过统一的账户体系,用户在移动应用和在线平台之间可以无缝切换,保持一致的用户体验。这种一体化的服务体验有助于提高用户满意度,同时,也为银行提供了更好的管理和运营效果。总体而言,数字化银行服务的全面覆盖,既考虑到了移动用户的需求,又为那些更倾向于在电脑上进行金融操作的用户提供了方便。这种灵活性和多样性使得数字化银行服务更贴近用户的生活方式,提高了金融服务的可用性和用户体验。

(三) 个性化账户管理体验

数字化银行服务在账户管理体验方面注重个性化,通过定制化的用户界面和智能推荐系统,提供更贴近用户需求的服务。一是,定制化的用户界面使客户可以根据自己的喜好和使用习惯进行个性化设置。用户可以调整账户界面的布局、选择显示的信息,以及设置快捷功能,使整个账户管理界面更符合个人偏好,提高了用户的使用舒适度和满意度。二是,智能推荐系统通过分析用户的历史交易数据、消费习惯等信息,为客户提供个性化的金融建议和推荐。这可以包括理财产品、信用卡优惠、贷款方案等。通过精准的推荐,用户可以更方便地了解和选择符合自己需求的金融产品,提升了金融服务的个性化定制程度。另外,数字化银行服务还支持客户自助管理账户的各种功能,如设定账户提醒、查询交易历史、设置预算等。这种自助功能使客户更加方便地管理自己的财务,提高了账户管理的效率和个性化体验。总体而言,个性化账户管理体验是数字化银行服务的一大特点,使用户能够更自由地定制自己的金融服务体验。这种个性化的服务不仅提高了用户的满意度，也为银行提供了更好的客户管理和服务优化的机会。在提供个性化服务的同时，也需要关注用户数据的隐私保护，确保用户信息的安全性。

（四）实时交易和支付的便捷性

数字化银行服务的实时交易和支付功能为客户带来了极大的便捷性。这种实时性不仅提高了交易效率，还满足了现代社会对即时性的迫切需求。首先，客户可以随时随地通过移动应用或在线平台进行实时转账。不再受制于传统银行的办公时间和处理时间，用户可以在任何时候迅速完成资金的划转，无论是支付朋友、家人，还是处理紧急的财务事务，都变得更加方便。其次，实时支付功能极大地提升了购物和消费的便捷性。通过数字化银行服务，用户可以在线购物后立即完成支付，不再需要等待传统的支付流程，大大缩短了交易周期，提高了购物体验。另外，数字化银行服务还支持实时账单支付和自动扣费等功能，使得用户能够更及时、更方便地管理和支付各种费用，如水电费、信用卡账单等。总体而言，实时交易和支付的便捷性是数字化银行服务的一大亮点，满足了现代社会对快速、便捷金融服务的需求。这种即时性不仅提高了用户体验，也促进了数字支付的普及和使用。然而，也需要注意安全性，确保实时交易和支付过程中用户的资金和信息得到有效保护。

（五）安全性和隐私保护的强化

确保数字化银行服务的安全性和隐私保护是至关重要的，尤其考虑到金融服务涉及大量敏感信息。数字化银行服务在这方面采取了多重措施，以确保客户的账户和个人信息得到有效保护。首先，采用先进的加密技术是确保数字化银行服务安全性的重要手段。通过对传输的数据进行加密，可以防止恶意第三方的非法获取和篡改。这种加密技术通常采用 SSL（Secure Socket Layer）或 TLS（Transport Layer Security）等安全协议，为客户提供了安全的在线通信环境。其次，双因素认证是另一项关键的安全措施。在用户登录或进行敏感操作时，数字化银行服务通常要求客户提供两种或以上的身份验证要素，如密码、短信验证码、指纹识别等。这有效防范了账户被未授权访问的风险，提高了账户的安全性。另外，数字化银行服务还注重隐私保护。通过制定隐私政策，明确用户数据的收集、使用和保护规则，确保客户个人信息的合法、合理、透明的处理。一些服务还提供了用户对个人信息的自主管理和控制功能，增强了用户对隐私的掌控感。总体而言，数字化银行服务在安全性和隐私保护方面采取了一系列措施，以确保客户的账户和个人信息得到可靠的保障。这种强化的安全性和隐私保护有助于提升用户对数字化银行服务的信任感，推动数字金融的可持续发展。

二、大数据在客户关系管理中的应用

大数据技术为金融机构提供了更全面的客户信息。通过分析客户的交易记录、行为数据、社交媒体等信息，金融机构可以更好地了解客户需求，制定个性化的营销策略。大数据在客户关系管理中的应用带来了更精准的市场定位和目标客户推送。

（一）客户画像的精准建立

大数据分析在客户画像建立方面确实发挥了关键作用。通过整合客户的多维数据，金融机构可以更全面、深入地了解客户的行为和需求，从而建立更为精准的客户画像。首先，交易历史是建立客户画像的重要数据之一。通过分析客户的交易记录，金融机构可以了解客户的消费习惯、购物偏好以及财务状况。这有助于个性化推荐金融产品，提供更符合客户实际需求的服务。其次，消费行为也是客户画像的重要组成部分。通过分析客户在不同场景下的消费行为，金融机构可以更好地理解客户的生活方式、兴趣爱好，为其提供个性化的金融建议和服务。社交媒体活动也成为建立客户画像的新兴数据来源。通过分析客户在社交媒体上的活动，金融机构可以获取客户的社交圈子、舆论影响等信息，为精准营销和客户关系管理提供更多参考。总体而言，通过大数据分析建立客户画像，金融机构能够更深入地理解客户，实现个性化服务。这种精准的客户画像不仅有助于提高客户满意度，还为金融机构制定更有效的营销策略和产品定位提供了有力支持。当然，在这一过程中需要注重客户隐私的保护，确保数据使用的合法性和透明性。

（二）个性化营销策略的制定

基于大数据客户分析的个性化营销策略是金融机构取得市场竞争优势的关键之一。通过深入了解客户的需求和行为，金融机构可以精准地制定和推行个性化的营销策略，从而提高客户的满意度和忠诚度。首先，了解客户的兴趣和偏好可以使金融机构更好地定制产品和服务。通过分析客户的消费行为、交易历史等数据，机构可以精准地推断客户的需求，并为其推送相关的金融产品。例如，如果客户经常在某个领域消费，金融机构可以提供定制化的理财产品或信用卡优惠，以满足客户的个性化需求。其次，通过大数据分析客户的生命周期价值，金融机构可以制定个性化的客户关系管理策略。了解客户在不同阶段的需求和偏好，可以有针对性地提供服务，延长客户的使用寿命，增加客户的忠诚度。另外，个性化营销还包括定向广告和促销活动。通过对客户的行为数据进行分析，金融机构可以更精准地选择推送广告和促销信息的时间、渠道和内容，提高广告的点击率和促销的转化率。总体而言，个性化营销策略通过大数据分析为金融机构提供了更精准、有针对性的市场营销手段。这不仅提升了客户体验，还提高了金融机构的市场竞争力，为业务增长创造了更有利的条件。然而，个性化营销也需要注意在推送个性化服务的同时保护客户隐私，确保合规性和透明度。

（三）市场定位的精准性提升

大数据分析在市场定位方面发挥了重要作用，为金融机构提供了更精准的市场洞察和定位能力。通过对大规模数据的深度分析，机构可以更好地理解目标市场的特征、趋势和客户行为，从而实现市场定位的精准性提升。首先，大数据分析可以帮助金融机构更全面地了解目标市场的细分特征。通过对客户群体的消费行为、兴趣爱好、社会属性等多维度数据的分析，机构可以识别出不同细分市场的特点，有针对性地调整产品和服务，以更好地满足各个市场的需求。其次，大数据分析可以帮助机构迅速捕捉市场变化。通过实时监测和分析市场数据，金融机构可以迅速发现市场趋势、竞争动态和客户需求的变化，从而灵活调整市场定位和战略，提高市场反应速度。另外，大数据还支持机构在市场中发现新的机会和潜在客户群体。通过挖掘大数据中的隐藏信息，金融机构可以发现市场中尚未充分开发的领域，制定更有前瞻性的市场定位策略，推出创新产品和服务。总体而言，大数据分析为金融机构提供了更为精准的市场定位能力，使其能够更深入地理解市场，更灵活地调整策略，更好地满足客户需求。这种精准性的市场定位有助于提高金融机构在市场中的竞争力和业务增长潜力。

（四）客户沟通的多渠道优化

大数据技术为金融机构实现多渠道的客户沟通提供了有力支持。通过分析客户的互联网使用行为、社交媒体活跃度以及其他数据来源,金融机构可以更智能地选择和优化客户沟通的多种渠道,提高沟通的及时性和个性化程度。首先,大数据分析可以帮助金融机构了解客户的偏好和习惯,选择更适合的沟通渠道。某些客户可能更喜欢通过电子邮件接收信息,而另一些客户可能更倾向于使用短信或社交媒体。通过分析大数据,机构可以更好地理解客户的渠道偏好,从而优化沟通方式,提高信息的传递效果。其次,多渠道的客户沟通可以实现更全面的覆盖。通过同时利用电子邮件、短信、社交媒体等多个渠道,金融机构可以确保信息能够覆盖到更广泛的客户群体,提高信息的传递率。这有助于确保关键信息能够及时传达给客户,提高客户对机构的感知和满意度。另外,通过大数据分析客户的行为数据,金融机构可以实现个性化的客户沟通。根据客户的交易历史、兴趣爱好等信息,机构可以定制个性化的沟通内容和推送时间,使客户感受到更贴近个人需求的服务。总体而言,多渠道的客户沟通优化是大数据技术在金融领域的一项重要应用。通过更智能、个性化的沟通方式,金融机构可以更好地与客户互动,提高客户满意度,增强品牌忠诚度。然而,在实施多渠道沟通策略时,也需要注意平衡个性化与隐私保护的关系,确保客户数据的安全和合规性。

(五) 客户忠诚度的提升

通过大数据的深度分析,金融机构能够更好地理解客户的需求,并采取个性化的服务调整。这种关怀和定制化服务对于提高客户的满意度和忠诚度起到关键作用。首先,通过大数据分析客户的消费行为、偏好和历史数据,金融机构能够更精准地把握客户的需求。根据客户的个性化需求,机构可以提供定制化的金融产品和服务,满足客户的实际需求,提高客户的满意度。其次,大数据还支持建立全面的客户关系管理系统。通过对客户的交互数据进行分析,金融机构可以及时了解客户的反馈和投诉,快速响应客户需求,增强客户对机构的信任感和满意度。另外,通过大数据分析客户的生命周期价值,机构可以实施精准的客户维护策略。通过定期的沟通、优惠活动等手段,金融机构可以维持良好的客户关系,提高客户的忠诚度,使客户更倾向于选择该机构的产品和服务。总体而言,大数据分析为金融机构提供了更全面、深入的客户洞察和管理手段。通过个性化服务、及时反馈以及定期沟通,金融机构能够提高客户的满意度,从而增强客户忠诚度,建立稳固的客户基础。这对于金融机构来说是一种可持续的竞争优势，有助于提高市场份额和业务增长。

三、人工智能在金融推荐服务中的应用

人工智能技术通过分析客户的历史交易、偏好和风险承受能力，为客户提供个性化的投资和理财建议。智能推荐系统不仅提高了金融产品的匹配度，还增强了客户对金融服务的信任感，促使更多用户参与投资和理财活动。

（一）个性化投资组合的定制

个性化投资组合的定制是人工智能在金融领域的一项重要应用。通过分析客户的历史交易、风险偏好和财务目标，人工智能技术能够为客户提供个性化的投资组合建议，从而更好地满足客户的需求和提高投资组合的匹配度。首先，人工智能通过对客户历史交易记录的深度分析，可以了解客户的投资偏好和风险承受能力。通过考虑客户的风险偏好、收益目标以及投资时间期限等因素，智能系统可以量身定制投资方案，使其更符合客户的个人需求和目标。其次，智能推荐系统可以根据市场变化和实时数据动态调整投资组合。通过实时监控市场变化、行业动态等因素，人工智能可以及时调整投资组合，以应对市场波动，提高投资组合的灵活性和适应性。另外，个性化投资组合的定制还可以通过考虑客户的整体财务状况，包括收入水平、负债情况等，为客户提供更全面的投资建议。这种综合考虑客户个人情况的定制化投资组合有助于更好地实现投资目标和满足客户的财务需求。总体而言，通过人工智能技术实现个性化投资组合的定制，能够更好地满足客户的个人需求和提高投资组合的匹配度。这种定制化服务不仅提高了客户满意度，也为金融机构提供了更有竞争力的服务，增强了客户忠诚度。

（二）实时市场分析与即时调整

人工智能在投资领域的应用使得实时市场分析和即时调整成为可能。通过实时监测市场数据、新闻事件和其他相关信息，智能系统可以迅速作出投资组合的调整，以更好地适应市场波动，减少风险，优化回报。首先，人工智能可以对大量的市场数据进行实时分析，识别潜在的投资机会和风险。通过算法和模型的支持，智能系统能够快速理解市场趋势、资产价格变化等关键因素，为投资决策提供及时的信息基础。其

次，智能推荐系统可以根据实时的市场情况即时调整投资组合。通过预测模型和风险管理算法，智能系统可以在市场出现变化时自动进行投资组合的重新配置，以保持投资组合的平衡和稳定性。另外，人工智能还可以利用自然语言处理技术分析新闻、社交媒体等非结构化信息，及时捕捉市场情绪和事件对投资组合的影响，从而更准确地调整投资策略。总体而言，实时市场分析和即时调整是人工智能在投资领域的一项重要优势。通过这种能力，投资者可以更迅速地响应市场变化，最大程度地降低风险，提高长期投资的效益。这也使得投资者能够更加灵活地应对市场的不确定性和波动。

(三) 风险管理和预警提醒

人工智能技术在金融领域的风险管理和预警提醒方面发挥着重要的作用。通过深度学习和数据分析，智能系统能够识别潜在的风险因素，并提供及时的预警和建议，以帮助客户更好地管理投资风险。首先，人工智能可以通过分析客户的历史交易行为和市场数据，识别潜在的风险信号。例如，系统可以监测投资组合的波动性、各类资产的相关性等因素，从而判断投资组合可能面临的风险。其次，智能系统可以利用预测模型和算法进行风险预测。通过对市场趋势、经济指标等进行实时分析，系统可以预测可能发生的风险事件，并向客户提供相应的预警信息。这有助于客户在风险发生前采取相应的措施，减少潜在的损失。另外，人工智能还可以根据客户的风险偏好和投资目标，提供个性化的风险管理建议。系统可以根据客户的偏好调整投资组合，使其更符合客户对风险的承受能力，从而提高投资的整体稳定性。总体而言，人工智能在金融领域的风险管理和预警提醒方面通过深度学习和实时分析，为客户提供了更全面、个性化的服务。这种能力不仅提高了投资者对市场的敏感性，还增强了客户对投资产品和服务的信心。

(四) 智能学习与个性化推荐优化

智能学习是人工智能系统在金融领域个性化推荐中的一项关键功能。通过不断学习客户的投资行为、偏好和市场动态，系统能够逐渐提升个性化推荐的准确性和精准度。首先，人工智能系统可以分析客户的历史交易数据、投资组合配置和投资决策，从中提取关键的特征和模式。通过这些特征的学习，系统能够建立客户的投资偏好模型，理解客户在不同市场条件下的喜好和风险承受能力。其次，智能系统可以利用机器学习算法进行预测和优化。通过对客户行为的实时监测,系统可以不断调整和优化个性化推荐策略,以适应市场变化和客户需求的演变。另外,智能学习还使得系统能够更好地应对客户的变化。客户的投资偏好和风险偏好可能随时间而变化,而智能学习机制使得系统能够及时感知这些变化,并调整推荐策略,以保持与客户需求的一致性。总的来说,智能学习是使得个性化推荐系统更加智能化和贴近客户需求的关键因素。通过不断学习和适应,系统能够提供更为准确和个性化的理财建议,为客户提供更优质的投资体验。这种机制不仅有助于提高客户的满意度,也增强了金融机构的竞争力。

(五)客户信任度的提高

通过提供精准的个性化投资建议,人工智能在金融推荐服务中可以显著增强客户对金融机构的信任感。首先,个性化推荐使客户感受到金融机构对其个人需求的深刻理解。通过分析客户的历史交易、风险偏好和财务目标,人工智能系统能够提供更符合客户个性化需求的投资建议。这种个性化服务让客户感到被重视,从而增加了对金融机构的信任。其次,智能系统通过风险管理和预警提醒,展现了对投资组合的有效管理。客户在面对金融市场的不确定性时,系统能够通过预警和建议及时提供应对策略,减少潜在的损失,增强客户对金融机构的信任。另外,随着时间的推移,系统通过不断学习客户的行为,能够更加精准地理解客户的需求和偏好。这种智能学习机制可以提高系统的个性化推荐准确性,使得客户更加信任系统对其投资需求的理解。总体而言,提供精准的个性化投资建议有助于建立客户与金融机构之间的信任关系。客户对系统的信任感使其更愿意参与金融活动,增加了金融机构与客户之间的黏性,促进了长期的合作关系。

四、区块链技术在金融安全中的运用

区块链技术为金融服务带来更高的安全性。在交易和结算领域,区块链的分布式账本和智能合约机制可以减少欺诈行为,提高交易的透明度和可追溯性。这种技术的应用改善了金融交易的安全性,增加了用户对数字金融服务的信任。

(一)分布式账本的透明度和不可篡改性

区块链的分布式账本技术确保了交易记录的透明度和不可篡改性,这对于金融领域具有重要的影响。首先，透明度是指每个参与者都能够访问和查看整个交易历史记录。这种透明度消除了传统金融系统中存在的信息不对称问题，所有参与者都可以共享相同的信息，从而降低了误解和不信任的可能性。其次，不可篡改性是指一旦一笔交易被添加到区块链上，就无法更改或删除。每个区块都包含前一个区块的哈希值，形成一个不断链接的链条，使得修改任何一个区块的信息会影响到整个链条。这种特性确保了交易的安全性和完整性，防止了潜在的篡改和欺诈行为。这些特性共同作用，有效地减少了金融交易中的风险和欺诈的可能性。透明度使得任何人都能够审查交易历史，而不可篡改性则确保了一旦交易发生，其记录将永远保持不变。这为金融机构、企业和个体用户提供了更高水平的可信度，促进了更加安全和透明的金融交易环境的建立。

（二）智能合约的自动执行

智能合约的自动执行在区块链技术中发挥了关键作用，为金融领域带来了许多优势。首先，智能合约是预先编写的代码，其执行是基于事先设定的条件。一旦满足这些条件，合同将自动执行，无须第三方的介入。这消除了传统金融合同执行中的中间人，减少了交易过程中的复杂性和时间成本。其次，自动执行过程减少了潜在的人为错误。由于智能合约的执行是基于编码的规则，而非人工判断，因此，减少了因人为因素而引起的错误和误解。这提高了合同执行的准确性和可靠性。另外，智能合约的自动化执行也有助于减少欺诈行为。由于合同的执行是透明的、不可篡改的，参与者无法随意更改合同规定的条款。这提高了交易的安全性，降低了欺诈和不当行为的可能性。总体而言，智能合约的自动执行为金融交易提供了更高效、更透明、更安全的解决方案。这种自动化的执行过程有望改变传统金融合同执行的方式，为参与方提供更加可信赖的交易环境。

（三）实时结算与减少风险

实时结算是区块链技术在金融领域的一项重要优势。传统金融交易通常需要通过多个中间环节进行确认和处理，这不仅增加了结算时间，还容易引发系统内外的各种风险。区块链的实时结算能力改变了这一格局，使得金融交易几乎可以实时完成。首先，实时结算显著降低了交易的结算时间。在传统金融系统中，结算可能需要经过银行、清算机构等多个中介环节，耗费大量时间。而区块链通过分布式账本和智能合约，使得交易可以在网络中迅速确认和结算，大大缩短了整个过程所需的时间。这不仅提高了交易效率，还符合当今社会对即时性的需求。其次，实时结算有助于降低系统内部和外部的风险。由于区块链的去中心化特性和共识机制，交易信息被分布存储在多个节点上，防范了单一点的故障或恶意攻击。而传统金融系统中，集中式的结算机构容易成为攻击目标，一旦出现问题，可能导致系统崩溃或数据泄露。区块链的实时结算通过分散化的特点，提高了系统的安全性和抗攻击能力。此外，快速结算也有助于及时发现和纠正潜在的问题。在传统系统中，由于结算周期较长，问题可能在结算完成后才被发现，导致风险的逐渐积累。而区块链的实时结算使得问题可以更迅速地被检测到，及时采取措施进行修复，从而减少了潜在风险对系统的影响。综合而言，区块链的实时结算能力为金融交易带来了诸多优势，包括降低结算时间、减少系统风险、提高交易安全性等。这使得区块链在金融行业的应用逐渐得到认可，为未来金融体系的发展提供了新的可能性。

（四）加密算法的安全保障

加密算法在区块链技术中扮演着至关重要的角色，为交易和用户数据提供了高度的安全性。每个区块都经过了严格的加密处理，这种安全保障是区块链技术信任度的基石。首先，加密算法确保了交易的隐私和保密性。通过采用先进的加密技术，区块链中的每一笔交易都被转化为一串看似随机的字符，只有持有相应私钥的参与者才能解密并访问其中的具体信息。这种机制有效地防止了未经授权的访问和信息泄露，为用户的财务隐私提供了强有力的保护。其次，加密算法增强了数字金融服务的安全性。在传统金融系统中，由于信息传输过程中存在被窃听和篡改的风险，安全性常常受到威胁。而区块链的加密技术使得数据在传输过程中得到有效的加密保护，降低了数据被恶意篡改或截取的可能性，从而提高了整个金融系统的安全性。此外，加密算法还加强了用户对数字金融服务的信任。用户知道他们的交易和个人信息经过强大的加密保护，这为他们提供了信心，使得他们更愿意在数字金融平台上进行各种交易。信任是数字金融领域发展的关键，而加密算法的安全保障为建立和巩固用户信任起到了积极的作用。总体而言，区块链技术采用的先进加密算法为金融交易提供了强大的安全保障。这种安全性不仅体现在交易的隐私和保密性上，还增强了整个数字金融服务的安全性和用户信任度，推动了区块链技术在金融领域的广泛应用。

（五）防范双重支付和欺诈

区块链的共识机制在防范双重支付和欺诈方面发挥着重要作用，为金融交易提供了高度的安全性和可信度。首先，共识机制确保了每笔交易的一致性。在区块链网络中，参与者通过达成共识来验证交易的有效性，并将其纳入区块链的不可篡改的账本中。一旦交易被确认，就意味着网络上的所有节点都同意该交易有效，并且这一信息将被永久记录在区块链上。这种一致性机制有效地防止了双重支付，因为一旦同一资产被用于一笔交易，就不可能在同一时间再被用于另一笔交易。其次，区块链的不可篡改性防止了欺诈行为。一旦交易被记录在区块链上，它将成为永久的、无法更改的信息。这种特性使得欺诈者无法篡改交易记录，从而防止了伪造交易或篡改交易信息的可能性。区块链的透明度和不可篡改性增加了整个金融系统的透明度，降低了欺诈的风险。这些防范双重支付和欺诈的措施显著提高了金融交易的安全性。用户可以更加信任数字金融服务，因为他们知道一旦交易被确认，就无法被篡改或撤销。这种信任感有助于推动数字金融服务的发展，促进了金融行业的创新和进步。

五、社交媒体和金融营销

信息技术促使金融机构更加积极地利用社交媒体平台进行营销。通过社交媒体，金融机构可以与客户直接互动，提供金融知识、推广产品，并获取客户反馈。社交媒体成为金融机构开展品牌推广和客户服务的重要渠道。

（一）直接互动与客户沟通

社交媒体的出现确实为金融机构提供了一个直接与客户互动的平台，这在过去是比较罕见的。通过社交媒体，金融机构能够更加灵活、及时地与客户进行沟通和互动。首先，社交媒体提供了一个开放的交流渠道。客户可以通过留言、评论或直接消息的方式与金融机构进行沟通，提出问题、表达意见或寻求帮助。这种直接的沟通方式打破了传统的沟通壁垒，使得客户感受到更加亲近和个性化的服务。其次，机构可以实时回应客户的需求。通过社交媒体平台，金融机构能够及时回复客户的问题，提供实时的支持。这对于解决客户的疑虑、提供帮助或处理投诉非常有帮助，提高了客户满意度，并强化了客户对机构的信任感。此外，通过社交媒体的直接互动，金融机构能够更好地了解客户的需求和反馈。监测社交媒体上的讨论和反馈，机构可以及时调整服务策略，改进产品，以更好地满足客户的期望。这种客户参与的模式有助于建立更紧密的客户关系，提高客户的忠诚度。总体来说，通过社交媒体的直接互动，金融机构能够实现更加灵活、个性化的客户沟通。这种直接性的互动不仅提高了客户的满意度和忠诚度，还使得金融服务更加贴近客户的实际需求。

（二）金融知识的分享和教育

通过社交媒体平台分享金融知识和教育性的内容是一种有效的方式，可以增强金融机构在客户中的影响力和信任度。首先，分享金融知识展示了金融机构的专业性和行业洞察力。通过发布有深度的市场分析、投资建议以及金融相关的新闻和趋势，金融机构可以向客户展示其对金融领域的深刻理解，提升了机构在客户心目中的专业形象。其次，金融机构的知识分享有助于客户更好地理解金融产品和服务。金融领域常常涉及一些复杂的概念和术语，通过社交媒体分享易懂的解释和教育性的内容，机构能够帮助客户提升金融素养，使他们更理性地作出投资和理财决策。此外，金融知识的分享还为机构建立起在客户心中的权威形象。当金融机构能够在社交媒体上持续提供有价值的信息，客户会更倾向于视其为可信赖的专业机构。这种建立在知识分享基础上的信任感可以促使客户更愿意选择该机构的金融服务。总体而言，通过社交媒体分享金融知识和教育性的内容，金融机构不仅提高了客户的金融素养，也巩固了自身在市场中的品牌形象和专业声望。这种形式的互动不仅仅是信息传递，更是一种建立亲近关系、提升客户忠诚度的有效途径。

（三）产品推广与目标客户吸引

社交媒体在产品推广和目标客户吸引方面提供了强大的平台，为金融机构的营销活动带来了更广阔的可能性。首先，通过社交媒体发布广告和促销活动，金融机构能够迅速传达产品信息。社交媒体的广告投放可以实现广告内容的快速传播，使得机构的产品和服务能够更迅速、广泛地被用户了解。这种快速传播的特性有助于提高品牌知名度，吸引更多用户的关注。其次，社交媒体提供了精准定位目标客户的机会。通过社交媒体平台的数据分析和广告定向功能，金融机构可以更精准地锁定潜在客户群体。这样有针对性的广告投放能够确保宣传信息更直接地传达给感兴趣的目标受众，提高了推广效果和转化率。此外，社交媒体上的产品介绍可以通过生动的内容形式更吸引人。通过发布有趣、富有创意的内容，金融机构能够引起潜在客户的兴趣，吸引他们进一步了解和探索机构的产品和服务。总体而言，社交媒体为金融机构提供了一个多样化、灵活且高效的产品推广平台。通过巧妙地利用社交媒体的工具和特性，机构可以更好地吸引目标客户，提高品牌曝光度，促进业务增长。这种数字化的推广手段已经成为金融行业不可或缺的一部分。

（四）客户反馈的即时获取

社交媒体的即时性为金融机构提供了极为宝贵的客户反馈渠道。首先，客户可以在社交媒体上即时分享他们的体验和意见。这种实时性使得机构能够几乎立刻了解客户对产品或服务的看法，以及他们的需求和期望。通过监测社交媒体上的评论、留言和提及，金融机构可以迅速捕捉到客户的反馈信息，了解客户的满意度和不满意的原因。其次，社交媒体上的即时反馈机制为机构提供了快速响应的机会。一旦机构收到客户的反馈，可以立即回应，表达关注并解决问题。这种快速响应不仅能够改善客户体验，还有助于提升客户对机构的信任感。客户知道他们的反馈被认真对待，这对于维护良好的客户关系至关重要。最重要的是，通过社交媒体即时获取客户反馈使得金融机构能够更快速地调整和改进产品和服务。随着市场和客户需求的变化，机构可以根据即时反馈作出灵活的调整，提高产品和服务的质量，以更好地满足客户的期望。总的来说，社交媒体的即时反馈机制为金融机构带来了巨大的优势，使其能够更敏锐地洞察市场，更迅速地满足客户需求，从而提高业务的竞争力和创新能力。

（五）建立品牌形象与社群参与

积极参与社交媒体是建立和强化金融机构品牌形象的有效途径。首先，通过发布有趣、有深度的内容，金融机构可以展示其个性化和专业化。社交媒体是一个展示机构文化、价值观和专业知识的平台，通过有趣的内容，机构可以吸引更多关注，树立起独特的品牌形象。其次，参与社交媒体上的热门话题和趋势，使机构保持与时俱进。这不仅让机构看起来更具活力和关注度，还能够紧跟用户的兴趣和关注点，提高品牌在用户心中的可见度。此外，建立社群参与感有助于增强客户对金融机构品牌的认同。

通过积极回应用户评论、参与讨论，甚至举办线上活动，机构可以促使用户感到更亲近和被重视，建立起一种共同体验的感觉。这种参与感有助于提高用户的忠诚度，使其更愿意选择机构的金融服务。总体而言，通过积极参与社交媒体，金融机构能够更好地建立品牌形象，塑造独特的企业文化，同时增强用户对品牌的认同感和忠诚度。这种社交媒体上的互动不仅仅是品牌宣传，更是一种建立深层次连接的方式，有助于机构在竞争激烈的市场中脱颖而出。

第二节 传统金融企业服务营销方式的改变

一、传统金融企业服务营销方式概述

传统金融企业的服务营销方式主要包括线下渠道和线上渠道。在线下渠道，银行和金融机构通常通过建立分支机构和 ATM 网点来提供服务。这些地点不仅提供日常银行业务，还提供贷款、理财等金融产品的咨询和办理。此外，传统金融企业还通过传统媒体广告，如电视、广播和印刷媒体，进行品牌推广和产品宣传。在线上渠道方面，传统金融企业通过建立官方网站和手机应用程序来提供电子银行服务。用户可以通过这些平台进行账户查询、转账、支付等操作。同时，通过电子邮件、短信和社交媒体等方式，金融企业也进行定期的客户沟通和营销推广活动。线上渠道为客户提供了更便捷的服务体验，也成为金融企业拓展客户群体和提高市场份额的重要途径。

二、传统金融企业服务营销方式改变包含的内容

（一）数字化渠道的崛起

随着数字化渠道的崛起，传统金融企业正在逐渐减少对传统广告和宣传册等传统营销手段的依赖。这一变化标志着传统营销方式正在逐步淡出，为更为高效、便捷的数字化方式让位。在过去，传统广告和宣传册等手段是金融企业推广产品和服务的主要途径之一。然而，随着科技的不断发展，数字化渠道如社交媒体、搜索引擎营销、电子邮件营销等逐渐崭露头角，为企业提供了更为直接、实时的传播途径。首先，数

字化营销方式具有更为精准的定位能力。通过数据分析和用户行为追踪，企业能够更准确地了解目标受众的兴趣、需求和行为模式，从而有针对性地进行推广活动，提高广告投放的效果。数字化方式更具互动性。社交媒体平台、在线论坛等数字渠道为用户提供了互动的空间，企业可以通过与用户直接互动，了解他们的反馈和意见，从而更好地调整营销策略，建立更紧密的客户关系。此外，数字化营销具有实时性和即时反馈的特点。与传统方式相比，数字化渠道能够在短时间内迅速传播信息，并通过用户的即时反馈进行实时调整，使得营销活动更具灵活性和效率。总体而言，数字化渠道的崛起标志着金融企业正在逐步放弃传统营销方式，转向更为先进、高效的数字化手段。这不仅提升了营销效果，还推动了金融行业的创新和发展。随着科技的不断演进，数字化营销将继续发挥着重要作用，成为金融企业推广业务的主导力量。

1. 传统模式的逐渐淡出

数字化渠道的崛起正促使传统金融企业逐步减少对传统广告和宣传册等传统营销手段的依赖。这一趋势标志着传统营销方式正在逐渐淡出，为更为高效、便捷的数字化方式让路。随着科技的迅猛发展，金融企业意识到传统广告和宣传册等方式在面对当今数字时代的挑战时显得相对滞后。数字化渠道为企业提供了更为直接、实时的传播途径，使得传统方式逐渐失去其昔日的辉煌。首先，数字化方式具有更为精准的目标定位能力。通过数据分析和用户行为追踪，企业能够更准确地洞察目标受众的兴趣、需求和行为模式，从而定制更有针对性的营销策略，提高广告投放的精准度和效果。其次，数字化渠道带来了更丰富的互动性。社交媒体平台、搜索引擎等数字媒体不仅提供了广告展示的机会，还为用户和企业之间建立了直接的互动通道。这种双向互动有助于企业更好地理解用户需求，改进产品和服务，增强品牌与用户之间的沟通和互动。此外，数字化营销具备即时性和实时反馈的特点。信息在数字平台上传播迅速，用户的反馈几乎是实时的，这使企业能够快速调整策略，应对市场变化，提高营销活动的灵活性和效率。总的来说，传统营销方式的逐渐淡出并非企业对过去的放弃，而是对未来数字化趋势的积极响应。数字化方式的高效、精准和互动性将成为金融行业推广业务的主导力量，为企业在竞争激烈的市场中保持竞争力提供了新的机遇。

2. 官方网站的建设

官方网站的建设对金融企业而言是一项重要而不可或缺的举措。通过建设官方网站，企业能够在数字化时代更好地与客户互动，并展示其产品、服务以及最新的业务动态。首先，官方网站为金融企业提供了一个专业、权威的在线展示平台。客户可以通过访问网站深入了解企业的背景、经营理念、产品和服务的详细信息，从而建立对企业的信任感和了解。其次，官方网站提高了企业的在线存在感。在互联网时代，很多客户首先会通过搜索引擎等途径查找相关信息，一个完善的官方网站能够使企业更容易被发现。通过优化网站内容，提高搜索引擎排名，企业能够在竞争激烈的市场中脱颖而出。此外，官方网站为客户提供了随时随地获取信息的便捷途径。无论是关于产品特性、服务流程还是最新的企业动态，客户都可以通过访问官方网站获取所需信息，不再受制于时间和地点的限制，提升了客户体验的便捷性。同时，通过网站的建设，金融企业还能够实现在线业务办理的功能，为客户提供更便利的服务。这包括在线申请产品、查询账户信息、进行交易等，进一步提高了客户的满意度和忠诚度。总的来说，官方网站的建设是金融企业适应数字化时代的必然选择。通过专业、全面的在线展示，提高企业的可见性和客户互动性，官方网站为金融企业在竞争激烈的市场中保持竞争力，提供了有力支持。

3. 移动应用的兴起

移动应用的兴起标志着金融行业迎来了一场数字化转型。随着智能手机的广泛普及，金融企业积极推出移动应用，为客户提供了更便捷、灵活的金融服务体验。首先，移动应用使得金融交易更加便捷。客户无须前往实体银行分支或使用传统的网页登录方式，通过移动应用可以随时随地进行转账、支付和其他金融交易。这种实时性、便利性大大提升了用户的交易体验。其次，移动应用为客户提供了方便的账户信息查询功能。通过应用，用户可以轻松地查看账户余额、交易明细、持有的投资产品等信息，实时掌握自己的财务状况。这种即时的信息反馈有助于用户更好地管理自己的财务。此外，移动应用也成为金融产品和服务的申请平台。客户可以通过应用提交贷款申请、办理信用卡等业务，省去了烦琐的线下流程，提高了办理业务的效率。移动应用的兴起还促使金融企业加强了安全性和隐私保护措施。采用多层次的身份验证、指纹识别、面部识别等技术，提升了用户数据的安全性，增强了客户对移动金融服务的信任感。总体而言，移动应用的普及使金融服务更加贴近客户的生活，提高了服务的便捷性和实时性。这不仅满足了现代人对于随时随地便捷服务的需求，还推动了金融行业向数字化、智能化方向的发展。

4. 社交媒体的参与

社交媒体的参与为金融企业提供了一个直接而实时的与客户互动的平台。通过在社交平台上发布有关金融知识、产品促销等内容，企业不仅提高了品牌曝光度，还加强了与客户之间的沟通和互动，建立起更加紧密的关系。首先，社交媒体成为金融知识传播的重要渠道。企业可以通过发布贴近客户生活的金融知识、理财建议等内容，提升客户对金融领域的理解，同时树立企业在行业中的专业形象。这种知识分享不仅为客户提供了有价值的信息，还巩固了企业在客户心中的信任度。其次，社交媒体的参与带来了品牌曝光的增加。通过在社交平台上展示企业文化、社会责任等方面的活动，企业能够更好地展示自己的形象，吸引更多的关注和支持。有趣、引人入胜的内容更容易在社交媒体上被分享，从而扩大品牌的影响力。此外，社交媒体为企业提供了即时的客户反馈和互动机会。客户可以通过评论、私信等方式直接与企业进行交流，提出问题、提供建议或表达对产品和服务的看法。这种即时的互动有助于企业更好地了解客户需求，及时作出调整和改进。最重要的是，通过社交媒体的参与，金融企业能够在客户中建立起更加紧密的关系。真实、亲近的互动让客户感受到企业的人性化和关怀，从而增强客户对企业的忠诚度，促使他们更愿意选择并推荐企业的产品和服务。总体来说，社交媒体的参与为金融企业提供了一个开放、互动的平台，通过分享有价值的内容和与客户建立直接的联系，企业能够在竞争激烈的市场中脱颖而出，增强品牌影响力，同时建立更加牢固的客户关系。

5. 触达面的拓展与服务升级

数字化渠道的崛起为金融企业提供了触达面的拓展和服务升级的机会，从而更好地满足客户需求。首先，数字化渠道使得金融企业能够触及更广泛的潜在客户群体。通过在线平台、社交媒体、移动应用等数字化渠道，企业能够实现全球范围内的宣传和推广，吸引更多的潜在客户。这种全面、多渠道的触达面拓展有助于企业提高品牌曝光度，增加客户群体，从而扩大市场份额。其次，数字化渠道为企业提供了实时的客户反馈和数据分析能力。通过监控数字渠道上的用户行为、反馈和喜好，企业能够更准确地了解客户需求和市场趋势。这种数据驱动的精准分析为企业提供了优化产品、改进服务的指导，从而更好地满足客户的期望。此外，数字化渠道还促使金融企业实现服务升级。通过在线渠道，客户可以更方便地获取产品信息、进行交易、提出问题等。企业可以基于客户反馈和数据分析结果，及时调整和改进产品设计、服务流程，提高客户体验，增强客户满意度。总体而言，数字化渠道的拓宽使金融企业能够更广泛地触及潜在客户，并通过实时的反馈和数据分析进行精准营销和服务升级。这不仅有助于提高企业在市场中的竞争力，也推动了金融行业向更加智能、客户导向的方向发展。通过不断适应数字化趋势，金融企业能够更好地适应变化，提供更优质的服务，同时保持竞争力。总的来说，数字化渠道的崛起不仅改变了金融企业的营销方式，更为客户提供了更便捷、个性化的服务体验，推动了整个金融行业的转型升级。

（二）个性化营销策略的普及

传统的大规模广告宣传正在被个性化营销策略取代。通过数据分析，金融企业能够更精准地了解客户需求，制定个性化的推广方案。这不仅提高了广告的有效性，还增加了客户对金融产品的兴趣和信任。

1. 数据分析的崭露头角

数据分析的崭露头角确实为金融企业提供了深入了解客户的强大工具。通过收集、处理和分析大量客户数据，金融企业能够更全面、准确地洞察客户的需求和偏好，从而实现个性化营销的目标。首先，数据分析使金融企业能够更好地了解客户的交易行为。通过分析客户的交易记录，企业可以识别客户的消费习惯、购买喜好以及频率等信息。这有助于企业精准把握客户的消费行为，为个性化推荐和定制服务提供数据支持。其次，数据分析有助于洞察客户的行为模式。通过分析客户在数字渠道上的行为，如在移动应用中的点击、浏览、搜索等活动，企业能够了解客户在金融服务使用过程中的习惯和偏好。这种行为分析为企业提供了更深入的客户洞察，帮助企业更好地优化产品和服务。最后，数据分析还为企业提供了客户细分的可能性。通过对客户群体进行细致分析，企业可以将客户划分为不同的细分市场，针对每个细分市场制定更为个性化的营销策略。这种精准的细分有助于提高营销效果，增强客户的满意度和忠诚度。总体来说，数据分析在金融行业中的应用崭露头角，为企业提供了更深入的客户洞察和个性化营销的可能性。通过合理利用数据，金融企业能够更好地满足客户需求，提高服务水平，增强客户关系，推动行业的进一步发展。

2. 精准推荐和定制服务

精准推荐和定制服务是数据分析在金融领域中的一项重要应用，通过深入了解客户的需求和行为，企业能够向客户提供更符合其个性化需求的产品和服务，带来双赢的效果。首先，基于数据分析的个性化推荐提高了客户满意度。通过分析客户的交易历史、行为模式和偏好，企业能够精准地推荐符合客户兴趣和需求的金融产品。这种个性化推荐让客户感到被重视，提升了他们的满意度，使其更愿意选择企业提供的产品和服务。其次，个性化推荐激发了客户对新产品的兴趣。通过准确把握客户的喜好和购买习惯，企业可以向客户推荐更符合其兴趣的新产品。这种精准推荐不仅提高了客户的购买意愿，还促使客户尝试和了解新的金融产品，推动业务的创新和发展。最后，个性化推荐也加深了客户与企业之间的互动关系。通过向客户提供定制化的服务和推荐，企业建立了更紧密的连接，使客户感到企业真正理解他们的需求，并愿意为其提供个性化的解决方案。这种互动关系有助于提高客户的忠诚度，促使其长期与企业保持良好的合作关系。，基于数据分析的精准推荐和定制服务不仅提高了客户满意度，还促使客户更积极地参与金融服务，推动了企业的发展和创新。通过深入了解客户，金融企业能够更好地满足客户个性化的需求，赢得市场竞争的优势。

3. 定向广告的崛起

定向广告的崛起正是个性化营销战略的一部分，它使广告不再是泛泛而谈，而是更具有针对性和精准度。对于金融企业而言，通过定向广告，可以将特定产品或服务有针对性地展示给特定客户群体，从而提高广告的点击率和转化率。定向广告通过分析客户的交易记录、行为模式和兴趣偏好等数据，能够更准确地确定目标客户群体。通过深入了解客户的特征，企业可以有针对性地选择广告展示的渠道、时间和内容，使广告更加贴近目标客户的需求和兴趣。定向广告提高了广告的点击率。由于广告内容更符合目标客户的兴趣和需求，客户更有可能点击广告以获取更多信息或进行交易。这种精准定向有助于提高广告的点击率，使广告投放更具有效性。定向广告也提高了广告的转化率。当广告更精准地针对目标客户群体时，客户在点击广告后进行实际交易的可能性更大。这种高转化率使得广告投放更加有效，带来更实际的业务价值。定向广告的崛起为金融企业提供了一种更智能、精准的广告策略。通过充分利用客户数据，企业能够实现对广告投放的定向和个性化，提高广告的效果和回报。这种定向广告的趋势不仅符合个性化营销的发展方向，也促使企业更好地满足客户需求，提升市场竞争力。

4. 客户关系的深化

个性化营销的实施为金融企业深化客户关系提供了有力工具。通过深入了解客户的偏好、需求和行为，企业可以更有针对性地提供定制化服务，建立更加深入的客户关系，促使客户长期忠诚。首先，了解客户的偏好和需求使得企业能够更精准地满足客户的期望。通过分析客户的交易记录、行为模式和反馈意见，企业能够洞察客户的兴趣和需求，从而提供更符合其期望的金融产品和服务。这种个性化的关怀和服务能够增加客户的满意度，建立起更加深厚的信任关系。其次，个性化服务有助于提高客户的参与度。通过定制化的推荐、定向广告和专属优惠等手段，企业能够激发客户的兴趣，增加其在金融服务中的参与度。客户在感受到企业的个性化关怀时，更愿意与企业保持互动，从而进一步深化客户关系。此外，通过个性化营销建立的深入客户关系还有助于客户忠诚度的形成。当客户感受到企业对其个性化需求的关注和满足时，他们更有可能选择长期与企业合作。忠诚的客户不仅会持续使用企业的产品和服务，还可能成为品牌的忠实推广者，为企业带来更多的业务机会。总体而言，通过个性化营销建立的深入客户关系是金融企业发展的重要战略。了解客户需求、提供个性化服务，不仅能够提升客户满意度，还能够促进客户长期忠诚，为企业带来稳定的业务增长。这种深化客户关系的趋势符合市场需求，也是金融行业持续创新和发展的关键之一。

5. 品牌形象的提升

个性化营销的核心之一是打造个性化的品牌形象，这超越了单纯的产品推广，更注重与客户之间的情感连接。通过建立更紧密的关系，传递个性化的品牌价值观，金融企业能够在客户心中建立更为积极和独特的形象。首先，通过满足客户个性化需求，金融企业能够树立品牌的服务领导地位。客户在体验到个性化定制的产品和服务后，对企业的品牌印象会更加深刻。这种个性化的服务体验有助于树立品牌在市场上的领导地位，提升品牌形象的积极性和吸引力。其次，个性化营销强调品牌与客户之间的情感连接，使客户更愿意与品牌产生情感共鸣。通过传递个性化的品牌价值观和理念，企业能够在客户心中建立更为深厚的品牌形象。这种情感连接有助于建立客户对品牌的忠诚度，使其更愿意选择品牌的产品和服务。此外，通过在个性化营销中强调品牌的独特性，企业能够在竞争激烈的市场中脱颖而出。客户在面对众多品牌选择时，往往会选择那些能够满足其个性化需求、具有独特品牌形象的企业。因此，通过个性化营销塑造独特品牌形象，有助于吸引更多目标客户。总的来说，个性化营销为金融企业提供了提升品牌形象的有力工具。通过满足客户个性化需求，建立情感连接，强调品牌的独特性，企业能够在客户心中建立积极、独特的品牌形象，提升市场竞争力，推动品牌的长期发展。综合而言，个性化营销策略的普及使得金融企业能够更精准地满足客户需求，提高市场竞争力。通过数据分析和个性化推荐，金融企业不仅能够更有效地进行广告宣传，也能够在客户心中建立更为深厚的品牌形象。

（三）内容营销的强调

传统的硬性销售手段逐渐被内容营销取代。金融企业通过提供有价值的内容，如金融知识分享、市场分析等，吸引客户的关注。这种教育性的营销方式有助于建立企业在客户心中的专业形象，促使客户更愿意选择其服务。

1. 教育性内容的推广

教育性内容的推广是金融企业在建立客户关系和提升品牌形象方面的有效策略。通过分享金融知识、投资技巧等内容，企业能够吸引客户的兴趣，满足其对金融信息的需求，同时塑造更专业的品牌形象。首先，提供教育性内容有助于建立企业在行业中的专业形象。通过分享有深度、有价值的金融知识，企业展示了其在金融领域的专业知识和经验。这种专业形象有助于赢得客户的信任，使他们更愿意选择企业提供的金融产品和服务。其次，教育性内容能够吸引客户的兴趣，提升客户参与度。当企业提供有趣、实用的金融知识和投资技巧时，客户更有可能参与其中，分享内容，进行讨论，从而加深客户与企业之间的互动。这种互动有助于建立更紧密的客户关系。此外，通过教育性内容，企业还能够满足客户对金融信息的需求。许多客户在金融领域可能缺乏足够的知识，而企业通过提供教育性内容，能够帮助客户更好地理解金融产品、投资策略等，提高其金融素养，从而更加理性地作出金融决策。总体来说，教育性内容的推广是一种既能够满足客户需求，又能够提升企业形象的策略。通过分享有价值的知识，企业能够在客户中建立起专业、信任的形象，同时促使客户更加积极地参与企业的互动活动。这种内容推广不仅有助于品牌建设，还是企业与客户建立深层次关系的重要一环。

2. 市场分析与趋势预测

市场分析与趋势预测的发布是一种展示金融企业深刻洞察力的有效方式。通过发布相关内容，如市场分析报告、行业趋势预测等，企业不仅能够为客户提供有价值的信息，还能够展示其在金融领域的专业水平，从而增强客户对企业的信任感。首先，市场分析与趋势预测展示了企业对市场的深刻理解。通过深入研究和分析市场状况，企业能够提供客观、专业的市场分析报告，揭示潜在机会和挑战。这种深刻的洞察力有助于建立企业在行业中的权威形象，使客户更愿意信任并选择企业的服务。其次，发布市场分析内容为客户提供了有价值的信息。客户通过阅读企业发布的市场分析报告和趋势预测，能够获取行业内最新的发展动向、市场趋势以及投资建议。这种信息的提供不仅使客户更具金融素养，还加强了客户与企业之间的互动和合作。此外，市场分析与趋势预测的发布也是一种品牌建设的方式。企业展现出对市场变化的敏锐洞察和专业分析，有助于树立企业在行业中的领导地位。客户在看到企业持续发布有深度的内容时，会认为这是一个值得信赖和依靠的金融机构，从而提高企业的品牌形象。总体来说，通过发布市场分析与趋势预测等内容，金融企业不仅能够展示其深刻洞察力，还能够提供有价值的信息给客户，加强客户与企业之间的关系，并在市场中建立更为专业和信任的品牌形象。这种战略不仅有助于品牌的建设，还能够为企业在激烈的竞争中赢得更多的认可和业务机会。

3. 案例分享与客户经验

分享成功的投资案例和客户的实际经验是一种强大的内容营销策略。这种内容的分享不仅使客户更直观地了解金融产品的实际效果，还增加了内容的吸引力，为客户提供了有价值的参考和借鉴机会。首先，案例分享能够展示金融产品的实际效果。通过分享成功的投资案例，客户能够看到真实的收益和成果，从而更好地理解金融产品的运作方式和潜在价值。这种直观的展示有助于建立客户对产品的信任感，提高其对金融产品的兴趣和参与度。其次，客户的实际经验分享增加了内容的真实性和可信度。当客户分享他们在使用金融产品过程中的亲身经历时，这种真实的反馈对其他潜在客户具有说服力。其他客户可能更容易信任来自同行的建议和经验，从而更愿意考虑使用相同的金融产品。此外，案例分享为客户提供了参考和借鉴的机会。通过了解他人的成功经验和挑战，客户可以更全面地评估金融产品是否符合自己的需求和目标。这种经验分享有助于客户作出更明智的决策,提高其在金融领域的投资和选择的准确性。总体而言,案例分享与客户经验是一种强大的内容营销策略,能够通过实际的成功案例和真实的客户经历来增加内容的吸引力和可信度。这种分享不仅为客户提供了更深入的了解,也为他们提供了在金融决策中的参考和借鉴,促使客户更积极地参与金融产品和服务。

4. 多渠道发布与互动

多渠道发布与互动是一种有效的内容营销策略,能够扩大金融企业内容的覆盖面,并与客户建立更紧密的沟通渠道,促进互动与信任的建立。首先,通过多渠道发布内容,企业能够覆盖更广泛的受众群体。官方网站、社交媒体、电子邮件等不同的发布渠道能够满足不同客户群体的偏好和使用习惯,使内容更全面地传达到目标受众。这种多渠道的覆盖有助于提高内容的曝光度,吸引更多潜在客户的关注。其次,通过与客户的互动,企业能够建立起更为良好的沟通关系。回答客户的疑问、参与他们的讨论,使客户感受到企业的关注和支持。这种积极的互动不仅有助于解决客户的疑虑,还可以建立起客户与企业之间的信任关系,使客户更愿意选择企业的产品和服务。此外,互动还能够提供实时反馈,帮助企业更好地了解客户需求和市场动态。通过监测不同渠道上的客户反馈和互动情况,企业可以及时调整和优化内容策略,更贴合客户的期望,提高内容的实用性和吸引力。总的来说,多渠道发布与互动是一种全面、有效的内容营销策略。通过覆盖多个发布渠道,企业能够扩大内容的传播范围;而通过积极与客户互动,建立起良好的沟通关系,提高客户满意度和忠诚度。这种策略不仅有助于吸引新客户,还能够保持与现有客户的良好关系,推动企业在市场中的长期发展。

5. 品牌价值的传递

品牌价值的传递是内容营销的一项重要目标,通过分享有深度、有温度的内容,金融企业能够在客户心中树立积极的品牌形象,使其成为客户心目中的可信赖金融伙伴。首先,通过内容传递品牌的核心价值观。金融企业可以通过内容展示其在社会责任、可持续发展、客户关怀等方面的价值观。例如,分享企业参与社会公益活动、推动可持续投资的经验,以及对客户个性化需求的关注。这种积极的品牌形象有助于客户建立对企业的信任,形成品牌的正面认知。其次,通过深入挖掘企业故事,营造品牌的人性化形象。通过分享企业的创立故事、发展历程、员工故事等，能够让客户更加了解企业的背后，感受到企业的人文关怀。这种人性化的品牌形象使得企业更具亲和力，客户更愿意与之建立长期的合作关系。此外，通过提供有价值的内容，企业能够向客户传递其专业性和领导力。分享专业的金融知识、市场分析等内容，展示企业在行业内的专业水平。这种专业形象使客户更有信心选择企业的产品和服务，提高品牌的竞争力。总体来说，通过内容营销传递品牌的价值观是一种有效的品牌建设策略。积极的社会责任、人性化的形象以及专业的服务都是构建积极品牌形象的关键要素。这种传递品牌价值的策略有助于企业在激烈的市场竞争中脱颖而出，成为客户心目中可信赖的金融伙伴。

综合来看，内容营销的强调使金融企业能够通过有价值的信息吸引客户，建立专业、可信赖的形象。这种教育性的营销方式不仅有助于提高客户对金融产品的兴趣，还为建立长期的客户关系奠定了基础。

（四）社交媒体的整合应用

社交媒体的整合应用是一种现代金融企业借助社交平台提升品牌知名度和促进客户互动的战略。通过在社交媒体上发布有趣的内容、参与用户讨论，企业能够更加活跃地参与社交媒体社区，实现与客户之间的互动性，提高品牌知名度。首先，通过在社交媒体上发布有趣的内容，企业能够吸引更多目标受众的关注。社交媒体上用户喜欢分享有趣、有价值的内容，金融企业可以通过发布相关的财经新闻、投资技巧、金融知识等内容来引起用户的兴趣。有趣的内容有助于提高品牌在社交媒体上的曝光度，吸引更多潜在客户的关注。其次，通过参与用户讨论，企业能够建立起与客户的直接互动。回复用户的评论、解答他们的疑问，使企业在用户心中建立更为亲近和可信赖的形象。这种直接互动有助于加强企业与客户之间的关系，增加用户对企业的信任感。此外，社交媒体的整合应用还能够实现品牌的口碑传播。用户在社交平台上分享对企业的正面体验和评价，有助于形成良好的口碑。这种口碑传播能够扩大品牌的影响力，吸引更多用户尝试企业的金融产品和服务。总体而言，社交媒体的整合应用是一种有效的品牌推广和客户互动的策略。通过发布有趣的内容、参与用户讨论，企业能够在社交媒体上建立积极的品牌形象，提高品牌的知名度，并与客户建立更为密切的互动关系。这种社交媒体的整合应用为传统金融企业提供了与时俱进的品牌推广手段,有助于在竞争激烈的市场中保持竞争力。

(五) 客户体验的优化

客户体验的优化是传统金融企业在现代市场中保持竞争力的关键之一。通过简化开户流程、改善在线客户服务等技术手段,企业致力于提供更为顺畅、高效的服务体验,满足现代客户对便捷性的需求,同时增强客户对企业的满意度。首先,简化开户流程是客户体验优化的重要一环。传统的开户流程可能烦琐、耗时,通过引入数字化技术和在线化流程,企业能够大幅简化开户手续,提高开户的便捷性。这种优化不仅降低了客户的操作成本,还增加了客户对企业的初次印象。其次,改善在线客户服务是提升客户体验的有效途径。引入智能客服、在线聊天等技术手段,使客户能够更便捷地获得实时帮助和解答疑问。这种实时的服务体验有助于提高客户满意度,加强客户对企业的信任感。此外,通过数据分析和个性化推荐等技术手段,金融企业还能够为客户提供更符合其需求的个性化服务。了解客户的偏好和行为模式,企业可以根据客户的需求进行精准的推荐,使客户感受到定制化的关怀,提升整体的服务体验。总体而言,客户体验的优化是传统金融企业在数字化时代保持竞争力的不可或缺的策略。通过简化流程、提升在线服务、实现个性化推荐等手段,企业能够满足客户对便捷、个性化服务的需求,提高客户的满意度和忠诚度,进而在市场中取得更大的竞争优势。

第三节 互联网金融与金融服务营销创新

随着科技的不断发展,互联网金融不仅是传统金融的数字化延伸,更注重通过创新的方式提供金融服务。这一创新导向使金融服务在互联网时代焕发新的活力。

一、数字化创新:重新定义金融体验

数字化创新是互联网金融领域的一大亮点,重新定义了金融服务的体验。通过采用数字技术,互联网金融引入了一系列创新手段,包括无纸化操作、智能化服务以及基于大数据的个性化推荐,为客户提供更便捷、高效的金融服务,塑造了全新的用户

体验。首先，无纸化操作的引入使金融服务更加便捷。传统金融业务常常需要大量纸质文件和烦琐的手续，而互联网金融通过数字化的方式实现了无纸化操作，客户可以通过在线平台完成开户、交易等操作，省去了繁杂的纸质流程，大大提升了办理业务的便捷性。其次，智能化服务为客户提供了更加个性化和智能化的体验。通过引入人工智能和机器学习技术，互联网金融能够根据客户的历史行为和偏好，提供定制化的金融产品和服务建议。这种个性化的智能服务不仅提高了服务的精准度，还提升了客户的满意度。另外，基于大数据的个性化推荐为客户提供了更符合其需求的产品。通过分析客户的消费习惯、投资偏好等数据，互联网金融可以向客户推荐更合适的金融产品，从而提高客户的投资成功率，增强客户对金融服务的信任感。总的来说，数字化创新重新定义了金融服务的体验，使得金融业务更加便捷、智能和个性化。无纸化操作、智能化服务以及基于大数据的个性化推荐为客户提供了更优质的服务体验，推动了金融行业向更数字化、智能化的方向发展。

二、区块链技术的金融应用创新

区块链技术的应用在金融领域引发了革命性的变革，为金融服务带来了创新和改进。通过区块链，金融交易变得更加透明和安全，而智能合约的应用也为金融合同的自动执行提供了可能。这种技术创新不仅提高了金融服务的效率，还增强了数据的安全性。首先，区块链技术改善了金融交易的透明性。传统金融交易通常涉及多个中介和复杂的结算过程，而区块链通过分布式账本的方式，实现了去中心化的交易确认和结算，使得交易记录更加透明和可追溯。这种透明性不仅提高了金融交易的可信度，还降低了潜在的欺诈风险。其次，区块链技术提升了金融服务的安全性。由于区块链采用去中心化、加密等技术，使数据存储和传输更加安全可靠。这种安全性有助于防范数据篡改和信息泄露，增强了金融系统的整体安全性，提高了用户对金融服务的信任感。另外，智能合约的引入为金融合同的自动执行提供了可能。智能合约是一种基于区块链的自动化合同，通过编程代码实现合同条款的自动执行。这种创新不仅提高了合同执行的效率，还降低了因人为错误或恶意行为导致的合同争议，从而提升了金融服务的整体效能。总体而言，区块链技术的金融应用创新带来了透明、安全、高效的金融服务体验。通过改善交易透明度、提升安全性以及智能合约的应用，区块链技术推动了金融行业向更加先进和可信赖的方向发展。这种技术创新有望在未来为金融服务提供更多可能性，推动金融体系的进一步发展。

三、金融科技生态圈的建设与创新

金融科技生态圈的建设与创新标志着互联网金融向更加开放和合作的方向发展。不再是孤立的服务提供者，互联网金融通过与科技公司、初创企业的合作，构建起了一个庞大的金融科技生态圈。这种合作不仅促使金融服务不断吸纳新技术和理念，还推动整个金融行业的创新与升级。首先，金融科技生态圈的建设加速了金融服务的数字化和智能化。通过与科技公司的合作，金融机构能够借助先进的技术，如人工智能、大数据分析等，提升服务的智能水平。这种数字化和智能化的转变不仅提高了服务效率，还为客户提供了更个性化的金融体验。其次，与初创企业的合作为金融行业带来了更多的创新和新业务模式。初创企业通常更灵活、敢于尝试新理念和新技术，与传统金融机构的合作促成了一系列创新项目。这包括数字支付、区块链应用、金融科技创业公司等，推动了整个金融行业向更加创新的方向发展。另外，金融科技生态圈的建设也促进了跨界合作，拓展了金融服务的边界。金融机构与科技公司、零售商、制造商等跨行业的合作，使得金融服务能够更贴近客户的生活场景，提供更全面的解决方案。这种跨界合作拓展了金融服务的应用场景，提高了服务的便捷性和用户体验。总体而言，金融科技生态圈的建设与创新为互联网金融注入了新的活力。通过与科技公司和初创企业的合作，金融服务得以不断演进和升级，推动整个行业向更加创新、智能、数字化的未来发展。这种开放式的合作模式有望为金融行业带来更多的发展机遇和突破。

四、智能化营销策略的创新应用

智能化营销策略的创新应用标志着互联网金融在市场推广方面迈向了一个更智能、个性化的方向。通过机器学习和人工智能的分析，金融企业能够更准确地洞察客户需求，制定更具针对性的营销方案，提高广告的投放效果。首先，通过数据分析和机器学习，金融企业能够更深入地了解客户的行为模式、喜好和需求。这种深度洞察客户的能力使得企业能够制定更具个性化和精准的营销策略，更好地满足客户的期望。其次，智能化营销能够实现广告的个性化投放。通过分析客户的历史行为、交易记录等数据，金融企业可以向特定客户群体投放更符合其兴趣和需求的广告。这种个性化的广告投放不仅提高了广告的点击率，还提高了投放效果。另外，智能化营销还可以通过实时反馈和调整，不断优化广告策略。通过监测广告的效果，企业可以及时调整广告内容、投放渠道等，使得广告策略更符合市场的实际反馈，提高广告的实际效果。总体来说，智能化营销策略的创新应用为互联网金融提供了更先进、更有效的市场推广手段。通过深度数据分析和机器学习的应用，金融企业能够更精准地了解客户，制定更符合其需求的营销策略，提高市场竞争力，实现更高效的广告投放和客户吸引。这种智能化营销策略的创新应用有望为金融行业带来更多的市场机遇和发展空间。

五、金融服务平台的开放创新

金融服务平台的开放创新是互联网金融领域的一项重要发展趋势。通过平台的开放性，不同金融机构可以共享资源、合作创新，加速了金融服务的发展，为客户提供了更多元化、综合性的金融解决方案。首先，开放创新使不同金融机构能够在同一平台上合作提供服务。传统金融体系中，各机构之间可能存在信息壁垒和竞争关系，而金融服务平台的开放性打破了这种壁垒，促使各机构共同合作，共享资源和技术，实现了更高效的服务整合。其次，开放创新模式促进金融服务的多元化发展。不同金融机构在平台上可以提供各种各样的服务，包括支付、投资、贷款等，客户可以在一个平台上方便地获取多样化的金融产品和服务。这种多元化的发展使金融服务更贴近客户的需求，提供更全面的解决方案。另外，金融服务平台的开放创新也为初创企业提供了发展空间。平台的开放性使得初创企业可以更容易地接入金融生态系统，通过与大型金融机构合作，实现产品和服务的创新。这种合作模式促进了金融科技的发展，推动了整个金融行业向更加创新的方向发展。总体而言，金融服务平台的开放创新模式为互联网金融带来了更灵活、更多元的发展机会。通过不同金融机构的合作与共享，客户可以更方便地获取多样化的金融服务，初创企业也能够更容易地参与金融创新。这种开放创新模式为金融行业带来了更大的活力和发展空间。在互联网金融时代，创新成为推动金融服务发展的关键。数字化、区块链、科技生态圈、智能化营销以及开放性平台的创新应用，共同推动了金融服务行业的不断进步。

第四章 大数据时代零售业的变革与重构

第一节 零售业产业链在数据智能时代的变革

一、数据驱动的供应链变革

在数据智能时代，零售业的供应链正在经历革命性的变革。数据驱动的供应链管理使零售商能够更准确地预测市场需求，优化库存管理，降低成本，提高供应链的灵活性和效率。

（一）精准市场需求预测

精准市场需求预测是数据智能时代给零售业带来的一项重要能力。零售商通过对大量实时数据的分析，能够更准确地预测市场需求趋势，从而更灵活地调整供应链和生产计划，确保产品及时上市，满足消费者需求。首先，数据智能技术使零售商能够从多维度、全方位地了解市场。通过分析消费者的购物习惯、历史购买数据、社交媒体反馈等信息，零售商能够深入挖掘潜在的市场需求趋势，了解消费者的偏好和变化。其次，实时数据的分析使得市场预测更为精准。零售商可以即时监测销售数据、库存情况、市场反馈等信息，通过机器学习和数据模型的应用，快速作出准确的市场需求预测。这种实时性的预测能力使零售商能够更敏锐地捕捉市场变化，作出及时的决策。另外，精准市场需求预测也有助于优化供应链管理。通过提前预知市场需求，零售商可以更合理地规划库存、调整生产计划，减少过剩和缺货现象，提高供应链的效率和灵活性。总的来说，精准市场需求预测是数据智能时代零售业的一项关键能力。通过充分利用大数据和智能分析技术，零售商能够更准确地了解市场趋势，更灵活地调整供应链和生产计划，从而提高市场竞争力，满足消费者的个性化需求。

（二）库存管理的优化

库存管理的优化是数据驱动供应链变革的一部分，使零售商能够实现更智能、精准的库存管理。通过实时监控销售数据、库存水平以及季节性等因素，零售商能够更及时地调整库存，避免过多或过少的库存，提高库存周转率，降低资金占用成本。首先，实时监控销售数据有助于更准确地预测产品的需求。通过分析实时销售数据和消费者购买行为，零售商能够更精准地了解产品的热销程度和趋势，从而调整库存策略，确保畅销产品有足够的库存备货。其次，库存管理的优化也涉及季节性和市场趋势的考量。通过数据分析，零售商能够预测不同季节和市场趋势下的产品需求变化，调整库存水平以适应不同的市场环境。这种灵活性使得零售商能够更好地应对市场变化，避免过多或过少的库存。另外，数据驱动的库存管理还可以减少过剩库存和降低资金占用成本。通过实时监控库存水平，零售商可以及时调整补货和清理滞销产品，避免资金长时间被固定在库存中。这有助于提高资金的利用效率，降低库存成本。总体而言，数据驱动的库存管理优化使零售商能够更智能、精准地管理库存。通过实时监控销售数据、考虑季节性和市场趋势，零售商能够更灵活地调整库存策略，提高库存周转率，降低过剩库存，优化资金利用效率。这种优化有助于提高零售商的竞争力，提供更优质的购物体验。

（三）成本降低与效率提升

在数据智能时代，供应链管理的深度分析帮助零售商降低运营成本并提升效率。通过优化供应链流程、减少中间环节，零售商实现了更高效的物流和配送，从而降低整体运营成本，提高企业的竞争力。首先，数据智能技术帮助零售商优化供应链流程。通过对供应链中各个环节的数据进行深入分析，零售商可以发现流程中的瓶颈和低效之处，进而采取措施进行优化。这样的优化可以提高整个供应链的运作效率，减少资源浪费，降低运营成本。其次，减少中间环节是降低成本的关键之一。通过数据智能分析，零售商能够识别出供应链中可能存在的多余环节，如过多的中间商、复杂的仓储系统等，从而精简供应链结构，减少中间环节的参与。这种精简有助于降低运营成本，提高整体效率。另外，数据智能还能够帮助零售商进行合理的库存管理，避免过多的库存积压。通过实时监控销售数据和需求趋势，零售商可以更精准地控制库存水平，避免资金过度固定在库存中，提高资金利用效率，降低库存成本。总体来说，数据智能时代的供应链管理通过深度分析，使零售商能够优化供应链流程、减少中间环节，实现更高效的物流和配送，从而降低整体运营成本，提升企业的竞争力。这种成本降低和效率提升的优势有助于零售商在市场中更加灵活、竞争力更强。

（四）供应链灵活性的增强

供应链灵活性的增强是数据智能时代给零售业带来的显著变革之一。零售商通过数据智能技术，可以根据不同区域、不同渠道的需求情况，灵活地调整供应链策略，实现定制化的供应链管理，提高企业应对市场变化的灵活性和应变能力。首先，数据智能技术为零售商提供了全面的市场数据和消费者行为分析。通过对这些数据的深度分析，零售商能够更准确地了解不同区域和渠道的需求差异，预测市场趋势，为供应链调整提供有力支持。其次，零售商可以根据实时的销售数据和需求变化，灵活地调整供应链中的各个环节。例如，可以在热销产品的区域增加库存，降低库存积压的区域减少补货，以适应不同地区的需求差异。这种灵活性使得供应链能够更快速地响应市场变化，提高了企业的敏捷性。另外，数据智能还支持多渠道销售和多样化的销售模式。通过了解消费者在不同渠道的购物习惯，零售商可以优化产品上市和补货计划，提高销售效益。这种多渠道的供应链管理也增加了企业的经营灵活性。总体而言，数据智能时代的供应链管理增强了零售业的灵活性。通过定制化的供应链策略、实时的销售数据分析，零售商能够更灵活地应对市场变化，提高供应链的应变能力。

（五）实时决策与反馈机制

实时决策与反馈机制是数据智能时代供应链变革的关键特征之一。零售商通过实时监控和数据分析，能够迅速做出决策并调整供应链策略；同时，建立有效的反馈机制使得供应链能够不断学习和优化，适应市场的动态变化。首先，实时监控和数据分析使零售商能够在市场变化发生时迅速作出决策。通过监控销售数据、库存水平和市场趋势等信息，零售商可以实时了解供应链的运作状态，及时发现问题和机会，从而迅速调整供应链策略，确保企业能够灵活地应对市场的变化。其次，建立反馈机制使得供应链能够持续学习和优化。通过收集销售数据、客户反馈、供应商绩效等信息，零售商可以对供应链的各个环节进行评估，并及时反馈到决策层。这种反馈机制有助于识别和纠正问题，推动供应链的不断改进和提升。另外，实时决策和反馈机制也支持供应链的自动化和智能化。通过机器学习和人工智能技术，零售商可以建立预测模型，实现一定程度上的自动决策。这种智能化决策能够更快速、准确地响应市场变化，提高供应链的效率和敏捷性。总体来说，实时决策与反馈机制使零售商能够更灵活地应对市场变化，提高供应链的应变能力。通过及时的数据分析和反馈，零售商能够迅速做出决策，调整供应链策略，确保企业在竞争激烈的市场中保持敏捷性和竞争力。在数据驱动的供应链变革中，零售业通过充分利用数据的力量，实现了对市场需求的更准确预测、对库存的更精细管理，从而提高了供应链的灵活性，降低了成本，推动了零售业的全面升级。

二、个性化营销策略的变革

数据智能带来了零售业个性化营销策略的全面变革。通过深度分析消费者数据，零售商能够制定更为精准的个性化营销方案，提升顾客体验，增加销售额，推动零售业由传统的大规模广告向个性化推广转变。

（一）深度消费者洞察

深度消费者洞察是数据智能时代个性化营销的基石。零售商通过收集和分析消费者的购物历史、喜好、行为等数据，深入了解每位消费者的个性化需求，为个性化营销提供精准的基础。首先，购物历史数据是了解消费者购买习惯和偏好的重要信息。通过分析消费者的历史购物记录，零售商可以了解他们喜欢的产品类别、品牌偏好、购物频率等信息，从而为个性化推荐和定制化服务提供依据。其次，消费者的喜好数据是个性化营销的关键。通过收集消费者在平台上的点赞、收藏、评价等行为数据，零售商可以了解他们的产品偏好、风格喜好等信息，为个性化推荐和定制化服务提供更加准确的依据。另外，消费者行为数据也是深度洞察的一部分。分析消费者在网站上的浏览行为、搜索记录等信息，可以了解他们当前的购物意图和关注点，为及时推送个性化的产品和促销信息提供支持。总体而言，深度消费者洞察通过分析购物历史、喜好和行为等多维度数据，为零售商提供了更准确、全面的消费者画像。这种个性化的洞察有助于零售商精准地理解每位消费者的需求，从而实现个性化的营销和服务，提升用户体验，增加客户忠诚度。

（二）定制化商品和服务推荐

基于深度消费者洞察，零售商能够实现定制化的商品和服务推荐。借助个性化推荐算法，零售商可以向每位消费者推荐符合其喜好和需求的商品，提高购物的个性化体验，从而增加销售转化率。首先，通过分析消费者的购物历史、喜好和行为等多维度数据，个性化推荐算法能够深入了解每位消费者的需求。算法通过比对用户的历史购物记录、收藏和点赞行为，挖掘出潜在的购物偏好，为后续的商品推荐提供基础。其次，个性化推荐算法可以实时分析消费者的行为，了解他们当前的购物意图和关注点。通过监测消费者在网站上的浏览、搜索等行为，算法能够及时地捕捉用户的兴趣点，推荐相应的商品，提高购物的实时个性化体验。另外，个性化推荐不仅体现在商品上，也包括相关的服务和活动。零售商可以根据消费者的个性化需求，推送定制化的促销活动、优惠券等，提高消费者参与的积极性。总体而言，定制化商品和服务推荐是深度消费者洞察的应用之一。通过个性化推荐算法，零售商能够向消费者提供个性化的购物体验，提高购物的满意度和便捷性，增加用户黏性和忠诚度。这种个性化推荐不仅促进了销售，还提升了用户体验，构建了更紧密的零售关系。

（三）个性化促销和优惠

数据智能为促销活动带来了更具个性化的可能性。零售商可以通过深度分析每位消费者的购物历史和偏好，制定个性化的促销策略，如个人化的折扣券、专属礼品等，从而激发消费者的购物兴趣，提高促销活动的效果。首先，通过分析消费者的购物历史，零售商可以了解每位消费者的购物偏好和喜好。基于这些信息，零售商可以制定个性化的促销策略。例如，向偏好某一类别商品的消费者提供相关商品的折扣券，或者推送定制化的促销信息，更精准地满足消费者的需求。其次，个性化的折扣券和礼品是促销活动的重要组成部分。零售商可以根据消费者的购物习惯和消费水平，制定个性化的折扣力度或提供专属礼品。这种个性化的待遇能够使消费者感受到特殊关照，增加其对促销活动的参与度。另外，通过实时监控消费者的行为和购物意图，零售商可以及时调整促销活动。例如，如果发现某位消费者正在浏览某一类别的商品，可以即时推送相关的促销信息，引导其完成购物。这种实时的个性化推送有助于提高促销活动的转化率。总体而言，个性化促销和优惠是数据智能时代个性化营销的一部分。通过深度消费者洞察，零售商能够制定更具针对性的促销策略，提高促销活动的精准性和效果，增强消费者的购物体验，促进销售的增长。

（四）跨渠道一致性体验

跨渠道一致性体验是个性化营销的重要方面。零售商通过整合线上线下渠道的数据，实现全渠道一致的个性化营销，确保消费者在不同渠道中都能够体验到个性化的服务和推荐。首先，整合线上线下渠道的数据是实现跨渠道一致性体验的基础。通过将线上线下的购物数据、会员信息等进行整合，零售商可以建立起全渠道的消费者画像，了解其在不同渠道的购物历史和行为，为个性化营销提供更全面的数据支持。其次，基于整合的数据，零售商可以实现跨渠道的个性化推荐和服务。无论是线上购物还是线下店铺，消费者都能够享受到个性化的商品推荐、优惠券等服务。例如，通过在线下店铺扫描会员卡，可以获取消费者的线上购物历史，从而为其推荐更符合其喜好的商品。另外，跨渠道一致性体验也包括购物流程的无缝连接。消费者可以在线上选购商品后选择线下门店自提，或者在线下店铺购物后将商品加入线上购物车。这种无缝连接的购物体验使消费者感受到渠道之间的统一和便捷。总体而言，跨渠道一致性体验是数据智能时代个性化营销的重要体现。通过整合线上线下渠道的数据，零售商能够实现全渠道一致的个性化服务，提高消费者在不同渠道中的购物体验，增强品牌的统一性和忠诚度。这种无缝连接的跨渠道一致性体验有助于提升品牌形象，促进销售的增长。

（五）用户生命周期管理

用户生命周期管理是数据化时代个性化营销的关键战略之一。零售商通过分析用户在不同阶段的需求和行为，制订相应的个性化营销计划，实现全方位的个性化服务，包括吸引新用户、提高用户忠诚度和唤回流失用户。首先，针对吸引新用户阶段，零售商可以通过个性化广告、优惠券等手段，根据新用户的兴趣和偏好，提供符合其需求的商品和服务。通过深度消费者洞察和定制化推荐，零售商能够更精准地吸引新用户，提高他们的购物体验和品牌黏性。其次，对于提高用户忠诚度阶段，零售商可以通过定制化的会员权益、专属活动等方式，满足用户的个性化需求，提高其对品牌的信任感和忠诚度。个性化的会员体验有助于激发用户的参与和互动，建立更紧密的品牌关系。另外，对于唤回流失用户阶段，零售商可以通过个性化的优惠券、限时活动等方式，识别并吸引回流失的用户。通过分析流失用户的购物历史和行为，零售商可以制订有针对性的唤回计划，提高用户再次购物的可能性。总体而言，用户生命周期管理是个性化营销的战略延伸，帮助零售商更全面、持续地满足用户的个性化需求。通过在整个用户生命周期中实施个性化营销策略，零售商可以更好地引导用户在不同阶段的购物决策，提高用户满意度和忠诚度，促进品牌的可持续发展。

（六）实时互动与反馈

实时互动与反馈是个性化营销的关键要素。通过实时监测用户行为和反馈数据，零售商能够迅速做出调整，优化个性化营销策略，更好地满足用户需求，建立更紧密的用户关系。首先，实时监测用户行为使零售商能够了解用户当前的购物意图和偏好。通过分析用户在网站、移动应用等平台上的浏览、搜索、点击等行为，零售商可以迅速把握用户的兴趣点，及时提供相关的个性化推荐和促销信息，引导用户完成购物决策。其次，实时反馈机制是个性化营销的重要组成部分。通过用户的实时反馈，零售商可以了解他们对个性化服务的满意度和期望，从而及时调整营销策略。例如，通过收集用户的评价、投诉等信息，零售商可以迅速解决问题，改进服务，提高用户体验。另外，实时互动不仅仅限于线上平台，还包括线下店铺。例如，通过线下门店的会员系统，零售商可以实时了解会员的购物历史和偏好，为其提供个性化的购物体验。店员可以根据实时数据推荐符合会员兴趣的商品，提高线下购物的个性化体验。总体而言，实时互动与反馈是个性化营销的灵活性和敏捷性的体现。通过即时了解用户行为和反馈，零售商能够更快速地作出决策和调整，提高个性化营销的精准性和效果，增强用户与品牌的互动关系。在数据化时代，个性化营销策略的变革使得零售业能够更精准地满足消费者需求，提升用户体验，从而推动零售业实现由传统的大规模广告向个性化推广的重要转变。

三、线上线下融合的新零售模式变革

数据智能促使零售业采用线上线下融合的新零售模式，实现全渠道整合。通过数据的共享和整合，零售商能够提供更一体化、个性化的购物体验，将线上线下融合为一个无缝的购物生态系统。

（一）全渠道数据整合

全渠道数据整合是新零售模式的关键要素。零售商通过整合线上线下的销售数据、库存信息、用户行为等数据，实现全渠道的数据共享和交流，使得企业能够更全面地洞察市场，更灵活地调整经营策略。首先，全渠道数据整合通过将线上线下的数据进行统一整合，建立起全渠道的数据平台。这使得零售商能够综合分析不同渠道的销售情况、用户行为、库存水平等关键指标，形成全局性的洞察力，为制定更有效的战略提供支持。其次，通过数据整合，零售商能够实现线上线下的无缝连接。例如，用户在线上购物后选择线下自提，或者在线下店铺购物后将商品加入线上购物车，这些跨渠道的购物行为都能够被全渠道数据整合平台所捕捉，为用户提供更便捷的购物体验。另外，全渠道数据整合也涉及库存的统一管理。通过统一监控线上线下的库存情况，零售商可以更精准地进行库存调配，避免因线上线下库存信息不同步而导致的问题，提高库存周转率，降低资金占用成本。总体而言，全渠道数据整合是新零售模式的基石之一。通过整合线上线下的数据，零售商能够实现全渠道的数据共享和协同，为企业提供更全面、准确的市场洞察，为个性化服务、供应链优化等方面的决策提供有力支持。这种全渠道数据整合有助于提高零售商的竞争力，适应市场变化，提升用户体验。

（二）无缝购物体验

无缝购物体验是新零售模式的关键目标之一。通过线上线下融合，消费者可以在不同渠道之间自由切换，而无论选择何种方式，都能够享受到一致的价格、促销活动和售后服务，提高了购物的便捷性和一致性。首先，无缝购物体验体现在统一的价格和促销活动上。在新零售模式下，零售商通过整合线上线下的销售渠道，保持商品的一致定价和促销活动。消费者无论是在线上购物还是线下购物，都能够享受到相同的价格优惠和促销政策，消除了渠道之间的价格差异，提高了购物的公平性和透明度。其次，无缝购物体验还表现在统一的售后服务上。不论消费者是通过线上平台购物还是在实体店购物，都能够享受到一致的售后服务政策。例如，统一的退换货政策、统一的售后服务热线等，使得消费者在任何渠道购物后都能够得到相同的维权保障，提高了购物的便捷性和安心感。另外，无缝购物体验还包括线上线下的互通性。消费者可以在线上平台选购商品后选择线下门店自提，或者在线下店铺购物后将商品加入线上购物车，实现线上线下的无缝连接。这种无缝购物体验有助于提高用户体验，增加品牌忠诚度。总体而言，无缝购物体验是新零售模式的核心理念之一，通过统一价格、促销活动和售后服务，以及线上线下的无缝连接，提高了消费者的购物便捷性和一致性，推动了线上线下融合的发展。

（三）线上引流、线下体验

线上引流、线下体验是新零售模式的关键策略之一。通过线上引流，零售商吸引消费者在线上进行产品浏览、购物，然后通过线下实体店提供实际的体验、试穿等服务，为消费者提供更全面、丰富的购物体验，增强品牌的吸引力。首先，线上引流通过线上平台吸引消费者的注意力。通过在线上展示产品、进行促销活动、提供优惠等手段，零售商能够吸引消费者在线上进行浏览和购物。线上引流的目的是将消费者引导至线上平台，增加线上销售的机会。其次，线下体验通过实体店提供更全面、实际的购物体验。实体店提供了试穿、试用、产品展示等服务，使得消费者能够更直观地感受和体验产品。线下体验的优势在于可以解决消费者对产品质感、尺寸等方面的疑虑，提高购物的信心和满意度。另外，线上引流和线下体验的结合也包括了线上线下的无缝连接。例如，消费者可以在线上购物后选择到实体店自提商品，或者在线下试穿后将喜欢的商品加入线上购物车。这种无缝连接为消费者提供了更灵活的购物方式，强化了线上线下的互通性。总体而言，线上引流、线下体验是新零售模式的创新之一，旨在充分发挥线上线下的优势，提高消费者的购物体验和满意度。通过整合线上线下的资源，零售商能够更好地满足消费者多样化的购物需求，增强品牌的竞争力。

（四）智能化技术的融合

智能化技术的融合是新零售模式的关键推动力之一。通过将智能技术应用于线上线下的购物场景，零售商提升了购物体验的智能化水平，为消费者提供更便捷、个性化的服务。首先，无人商店是智能化技术在线下零售中的一种创新应用。无人商店利用传感器、摄像头、RFID等技术，实现了无人值守的购物环境。消费者通过手机 App

完成身份验证和支付后，可以自由选择商品，无须在实体店排队结账。这种智能化的购物体验提高了购物的便捷性和效率。其次，智能购物车也是新零售中的一项创新。通过在购物车中嵌入智能感知和计算能力，消费者可以实时了解购物清单、商品价格，并通过自动扣费完成结账。智能购物车的应用使得购物过程更加智能、自动化，减少了消费者的等待时间和结账流程。另外，虚拟试衣间是将虚拟现实技术应用于线下购物的一种方式。消费者可以通过虚拟试衣间在实体店中尝试不同款式和颜色的衣物，而无须真正穿上。这种技术应用为消费者提供了更多的选择和尝试的机会，增强了购物的趣味性和体验感。在线上平台，人工智能和大数据分析的融合也推动了购物体验的智能化。通过分析用户的购物历史、行为偏好等数据，平台能够提供个性化的商品推荐，增加购物的精准性和个性化体验。总体而言，智能化技术的融合使得新零售模式更加智能、便捷、个性化。这种技术的应用为消费者提供了更多元的购物选择，增强了购物体验的创新性和趣味性。

（五）全渠道的营销策略

全渠道的营销策略是新零售模式的核心之一。通过整合线上线下的销售渠道，零售商可以制定更为全面、一体化的营销策略，更好地满足不同渠道下消费者的需求，提高市场覆盖率和销售效果。首先，全渠道的营销策略包括线上线下的统一促销活动。通过在线上线下同步进行促销活动，零售商能够吸引更多消费者参与，提高活动的曝光度和影响力。例如，在线上平台推出的打折活动同步在实体店中进行，消费者既可以在线上浏览商品，也可以选择到实体店体验活动，增加购物的灵活性和选择性。其次，全渠道的营销策略涵盖了线上线下的统一会员制度。通过建立统一的会员体系，零售商可以实现线上线下消费数据的无缝连接，为会员提供一致的积分、折扣、会员专属活动等福利，增强会员的黏性和忠诚度。消费者在线上线下购物时都能够享受到相同的会员权益，提高了购物的便捷性和一致性。另外，全渠道的营销策略也体现在多渠道的商品推广上。通过在线上推广商品后引导消费者到实体店购买，或者在实体店中展示商品后引导消费者到线上平台购买，零售商能够充分发挥多渠道的优势，提高商品的曝光度和销售转化率。总体而言，全渠道的营销策略是新零售模式的创新之一，通过整合线上线下的资源，为消费者提供更灵活、全面的购物选择，提高了市场覆盖率和销售效果。这种全渠道的营销策略有助于零售商更好地适应消费者多样化的购物习惯,提高品牌的竞争力。

(六)数据驱动的运营和决策

数据驱动的运营和决策是新零售模式的核心之一。通过充分利用线上线下产生的大量数据,零售商可以实现更智能、精准的运营和决策,从而提高经营效益和顾客满意度。首先,数据驱动的运营体现在商品管理上。通过分析销售数据、库存数据和消费者行为数据,零售商可以了解哪些商品热销,哪些滞销,从而进行及时的库存调整和商品组合优化。这种数据驱动的运营使得零售商能够更好地满足消费者的需求,减少滞销商品的积压,提高库存周转率。其次,数据驱动的促销策略是新零售模式的关键。通过分析消费者的购物历史、偏好和行为,零售商可以制定个性化的促销活动,如个人化的折扣券、专属礼品等。这种精准的促销策略提高了促销活动的效果,增加了消费者的参与度和购买欲望。另外,数据驱动的决策也涉及销售渠道和店铺布局的优化。通过分析线上线下的销售数据和消费者行为,零售商可以决策哪些渠道需要加大投入,哪些店铺位置更适合吸引目标消费者,以达到更好的销售效果。总体而言,数据驱动的运营和决策使得新零售模式更具智能性和精准性。零售商通过充分利用大数据分析,能够更好地了解市场趋势和消费者需求,从而优化运营策略,提高销售效益,提供更个性化的购物体验。在数据智能时代,线上线下融合的新零售模式变革不仅拓展了零售渠道,更为消费者提供了更便捷、个性化的购物体验,推动了零售业向更为智能和整合的方向发展。

四、支付和结算体系的智能变革

在数据智能时代,零售业支付和结算体系经历着智能化的变革。无人收银、移动支付等新型支付方式的普及,使得零售业的支付体验更加便捷,同时数据分析也为支付行为提供更多安全性保障。

(一)新型支付方式的普及

新型支付方式的普及是数据智能时代的一项重要变革。通过引入无人收银、移动支付、虚拟支付等新兴支付方式,消费者能够更便捷、快速地完成支付,从而提高整体支付效率。首先,无人收银是新型支付方式中的一种创新。通过在商店或自助服务点引入无人收银系统，消费者可以自助完成商品扫描和支付，无须排队等待人工收银。这种方式不仅提高了支付速度，还减少了人力成本，为消费者提供了更为便捷的支付体验。其次，移动支付的普及是数据智能时代支付方式的显著特点。消费者可以通过手机支付 App，如支付宝、微信支付等，随时随地完成支付操作。移动支付的便捷性和高效性受到了消费者的欢迎，逐渐替代了传统的现金支付方式。另外，虚拟支付也在数据智能时代得到推广。通过虚拟支付，消费者可以在线上购物时使用电子货币、虚拟信用卡等进行支付，无须实体卡片和现金交易。这种方式增加了支付的灵活性和安全性，适应了数字化购物的趋势。总体而言，新型支付方式的普及是数据智能时代支付领域的创新。通过提供更便捷、高效、安全的支付选择，这些新兴支付方式满足了消费者对支付体验的不断提升的需求。这种支付方式的普及也推动了整个支付行业向数字化和智能化的方向发展。

（二）移动支付的便利性

移动支付的便利性是智能时代零售业支付体系的显著特点。随着智能手机的普及，移动支付成为零售业支付方式的重要组成部分。以下是移动支付的便利性方面的一些特点：首先，无须携带实体钱包。通过移动支付，消费者可以将银行卡信息、电子钱包等支付工具储存在手机上，不再需要携带实体钱包。这大大减轻了消费者的负担，让他们更轻松地进行购物和支付。其次，随时随地完成支付。由于智能手机的随身携带性，消费者可以随时随地完成支付操作。不论是在商店购物、外出用餐还是在线上购物，只需要打开手机上的支付应用，即可完成支付，提高了支付的便利性和实时性。另外，多种支付方式集一体。移动支付平台通常整合了多种支付方式，包括银行卡支付、电子钱包支付、扫码支付等。这使得消费者可以根据个人喜好和实际情况选择最方便的支付方式，增加了支付的灵活性和选择性。总体而言，移动支付的便利性使得消费者在支付过程中更为轻松和便捷。通过智能手机作为支付工具，无论何时何地，都能够完成支付操作，为消费者提供了更加方便的支付体验。这种便利性也是移动支付成为零售业支付方式主流的原因之一。

（三）智能化支付终端的应用

智能支付终端的应用是零售业支付体系智能变革的关键之一。通过引入智能收银机、自助结账设备等技术，零售业实现了支付过程的智能化，带来了一系列效益：首先，减少人力成本。智能支付终端能够自动完成商品扫描、价格计算和支付等操作，减少了对人工收银员的依赖。这不仅降低了零售商的运营成本，也提高了支付过程的效率，特别是在高峰时段，可以更好地满足顾客需求。其次，提高结账效率。智能支付终端的应用使得结账过程更为迅速，顾客无须等待人工收银，可以自行完成结账操作。这不仅缩短了顾客在收银台的等待时间，还提高了整体购物体验。另外，增加支付选择性。智能支付终端通常支持多种支付方式，包括移动支付、扫码支付、银行卡支付等。顾客可以根据个人喜好和方便性选择最合适的支付方式，提高了支付的灵活性。总体而言，智能支付终端的应用使得零售业支付体系更加智能化、高效化。通过减少人力成本、提高结账效率和增加支付选择性，智能支付终端为零售商和顾客带来了双重利好，推动了零售业支付体系向数字化和智能化的方向发展。

（四）数据分析应用于支付行为安全性

数据分析在支付行为安全性方面的应用是零售业支付体系中的一项关键措施。通过对大量支付数据的深入分析，零售商能够实现以下方面的安全性保障：首先，识别异常交易行为。数据分析技术可以识别出与用户正常购物行为不符的异常交易模式，如高额交易、频繁异地交易等。一旦发现异常交易行为，系统可以立即采取相应的安全措施，如发送风险提示、暂停支付账户等，从而防范潜在的欺诈行为。其次，实现实时监控和预警。通过实时监控支付数据的变化，系统能够迅速发现并响应任何异常情况。数据分析可以建立模型，监测用户行为的正常范围，并在用户行为偏离正常范围时发出预警，提醒零售商采取相应的安全措施。另外，建立反欺诈模型。通过历史支付数据的分析，零售商可以建立反欺诈模型，识别出可能的欺诈行为。这种模型可以通过机器学习等技术不断学习和优化，提高对欺诈行为的识别准确度。总体而言，数据分析在支付行为安全性方面的应用为零售业提供了更多的安全性保障。通过实时监控、异常识别和反欺诈模型的应用，零售商能够及时发现潜在的风险并采取措施，保障了支付过程的安全性。这种数据智能的安全性保障是数字时代零售业支付体系不可或缺的一部分。

（五）个性化支付推荐和优惠

个性化支付推荐和优惠是零售业支付体系中基于数据分析的一项创新。通过深入分析用户的购物行为和历史支付数据，零售商能够实现以下方面的个性化推荐和优惠：首先，个性化支付方式推荐。通过分析用户的购物偏好、支付历史等数据，系统可以向用户推荐最适合其习惯和需求的支付方式。例如，对于偏好线上购物的用户可以推荐使用移动支付，而对于偏好线下购物的用户可以推荐使用银行卡支付。这种个性化支付方式推荐提高了用户支付体验的个性化程度。其次，定制化支付优惠和积分激励。基于用户的购物行为，系统可以为每位用户量身定制支付优惠和积分激励方案。例如，对于频繁使用移动支付的用户可以提供相应的折扣优惠，对于使用银行卡支付的用户可以积累相应的积分。这种个性化的支付优惠和积分激励增加了用户对支付方式的黏性和忠诚度。另外，实时推送个性化支付优惠信息。通过实时监控用户的购物行为和支付模式，系统可以实时推送个性化的支付优惠信息。例如，在用户购物车结算时，系统可以提醒用户使用最优惠的支付方式，并享受相应的折扣或返现优惠。这种实时的个性化推送提高了用户对支付优惠的感知和利用率。总体而言，基于数据分析的个性化支付推荐和优惠为零售业支付体系注入了更多个性化和智能化的元素。通过提供最适合用户的支付方式和个性化的支付优惠，零售商能够增强用户体验，促进用户更积极地选择和使用特定的支付方式。

（六）无缝支付体验的追求

无缝支付体验的追求是零售业在数据智能时代的一项重要目标。通过整合线上线下支付渠道，零售商实现了支付信息的实时同步，从而实现了以下方面的无缝支付体验：首先，一致的支付界面和操作流程。通过整合线上线下支付系统，零售商可以设计一致的支付界面和操作流程，使得用户在不同渠道中都能够熟悉和轻松地完成支付操作。这种一致性提高了用户的支付体验，并减少了用户在学习和适应不同支付系统上的时间成本。其次，实时同步的支付信息。无缝支付体验要求用户在不同渠道中的支付信息能够实时同步。通过数据智能技术，零售商能够确保用户在线上完成支付后，线下支付系统能够及时更新支付状态，反之亦然。这种实时同步提高了用户对支付信息的可控性和透明度。另外，多渠道支付的统一账户。用户可以在一个统一的账户中管理和查看在不同渠道中的支付记录和余额。这种统一账户使得用户可以更方便地追踪和管理支付信息，提高了整体的支付便捷性。总体而言，无缝支付体验的追求通过整合线上线下支付渠道，实现了支付界面、操作流程、支付信息和账户的一致性和实时性。这不仅提高了用户的支付满意度，还增加了用户选择特定零售商的动力，推动了零售业支付体系向更智能、更便捷的方向发展。在支付和结算体系的智能变革中，零售业通过引入新型支付方式、智能支付终端，应用数据分析提高支付安全性，以及提供个性化支付推荐，追求无缝支付体验，使得支付过程更为便捷、智能化，满足了消费者不断升级的支付需求。

五、预测性维护与客户服务的全面变革

数据智能推动零售业进行预测性维护和客户服务的全面变革。通过实时监测设备和系统数据，零售企业可以提前发现并解决潜在问题，降低设备故障风险。同时，基于数据的客户服务也得以升级，提高了服务的响应速度和质量。

（一）实时监测与预测性维护

实时监测与预测性维护是零售业在数据智能时代的一项重要技术和管理创新。通过实时监测设备和系统数据，并应用先进的数据分析技术，零售商实现了以下方面的变革：首先，实时监测设备状态。零售商通过传感器、监控系统等设备实时监测技术，实时采集设备运行数据，包括温度、湿度、电压等参数。这种实时监测使得零售商能够随时了解设备的工作状态，及时发现异常情况。其次，预测性维护的引入。基于实时监测的数据，零售商应用预测性维护技术，通过数据分析和机器学习算法预测设备可能发生的故障和问题。预测性维护使得零售商能够提前采取维护措施，避免设备因故障而导致的生产中断和损失。另外，远程监控和控制。通过数据智能技术，零售商可以实现对设备的远程监控和控制。即使在不同地点，管理人员可以通过网络远程访问设备状态、进行参数调整，实现对设备的远程管理，提高了管理的灵活性和效率。总体而言，实时监测与预测性维护的应用使得零售业能够更加智能地管理设备，减少了设备故障的潜在风险，提高了设备的可靠性和稳定性。这种技术和管理创新不仅降低了维护成本，还提高了零售业的生产效率和服务水平。

（二）智能化客户服务

智能化客户服务的发展标志着零售企业在客户关系管理方面取得了重大进展。这一趋势主要体现在以下几个方面：首先，深度分析客户数据。通过数据智能技术，零售企业可以深入分析客户的购物历史、偏好、行为等数据，形成全面的客户画像。这使得企业能够更准确地理解客户的需求和喜好，为提供个性化服务奠定了基础。其次，个性化的服务。基于深度分析的客户数据，智能化客服系统可以实现个性化的服务。系统能够根据客户的历史记录和偏好，提供定制化的建议、推荐商品或解决方案，使客户感受到更为个性化的关怀和服务。最后，提高客户满意度。由于智能化客服系统的个性化服务和精准推荐，客户在与企业的互动中更容易找到符合自己需求的产品或解决方案，从而提高了购物体验和满意度。客户感受到被重视和理解，增加了对企业的信任感。总体而言，智能化客户服务通过深度分析客户数据、提供个性化服务，以及提高客户满意度，为零售企业建立了更紧密的客户关系，推动了客户服务领域的全面变革。

（三）响应速度的提升

提升响应速度是数据智能客户服务的一项重要目标，主要体现在以下几个方面：首先，自动化处理客户查询。通过智能化技术，零售商可以实现对常见问题的自动回复和处理，从而在瞬间解决客户的一些基础性问题，不再需要等待人工介入，提高了响应速度。其次，实时监测客户反馈。数据智能系统可以实时监测客户的反馈、投诉或问题，迅速捕捉到客户的需求和意见。这使得零售企业能够在第一时间作出响应，解决问题，增强了客户服务的即时性。最后，智能化客服系统的即时支持。通过引入智能化客服系统，零售商可以在任何时间提供即时的在线支持。这种全天候的服务机制使得客户在需要帮助时能够随时得到解答，提高了客户服务的实时性。总体而言，通过数据智能，零售企业能够在客户服务中实现更高效的响应速度，为客户提供更及时、便捷的支持和解决方案，提升了客户整体体验。

（四）多渠道服务的整合

多渠道服务的整合是数据智能时代零售企业客户服务的一个关键方面，具体表现在以下几个层面：首先，线上线下一体化的服务。通过整合线上线下渠道，零售企业可以实现一体化的服务体验。客户可以通过在线平台进行购物、查询和互动，同时在实体店铺也能够得到相同水平的服务，使得客户感受到服务的一致性和便捷性。其次，统一的客户数据管理。多渠道服务整合需要对客户数据进行统一管理，确保不同渠道获得的客户信息能够无缝共享。这使得企业能够更全面、准确地了解客户需求，提供更为个性化和精准的服务。最后，跨渠道的沟通和互动。通过整合多渠道服务，零售企业可以建立跨渠道的沟通和互动机制。无论客户选择在线购物、线下体验，都能够在不同渠道中获得一致的信息、促销活动和服务反馈，提升了客户的整体满意度。总体而言，多渠道服务的整合通过统一客户数据、提供一致性服务和跨渠道互动，为零售企业打破渠道壁垒，提供更为综合、一体化的客户服务体验。

（五）客户反馈的实时学习

基于数据的客户服务强调实时学习。通过分析客户反馈数据，零售商可以及时了解客户的意见和需求，从而不断调整和改进服务策略，更好地满足客户期望，提升客户体验。

（六）个性化服务推荐

实时学习是数据智能客户服务的重要组成部分，具体体现在以下几个方面：首先，实时监测客户反馈。零售企业通过实时监测各个渠道上的客户反馈，包括社交媒体、在线评价等，能够迅速捕捉到客户的意见和反馈。这使得企业可以在第一时间了解客户的满意度、不满意点以及需求变化。其次，快速响应和调整。通过实时学习，零售企业可以迅速响应客户的反馈，无论是积极的赞扬还是负面的批评。及时调整服务策略，解决问题，以保持客户满意度和忠诚度。最后，持续改进服务流程。通过分析客户反馈数据，零售企业能够识别服务流程中存在的问题，并进行持续改进。这包括优化购物体验、提高产品质量、加强售后服务等方面，以满足客户不断变化的期望。总体而言，实时学习使得零售企业能够更加灵活地根据客户反馈进行调整，不断优化服务策略，保持与客户的紧密互动，提升客户服务的水平和效果。在预测性维护与客户服务的全面变革中，数据智能为零售业提供了更先进的工具和策略，使得维护更具预测性，客户服务更为智能和个性化，为企业提供了更多机会与客户建立良好关系，推动零售业朝着更为智能和客户导向的方向发展。

在数据智能时代，零售业产业链的全方位变革不仅提升了业务效率，更为消费者创造了更智能、个性化的购物体验。这一变革将零售业推向更加数字化和智能化的未来。

第二节 人工智能与零售业的有机结合

一、人工智能引领零售革命

人工智能与零售业的有机结合标志着零售业的革命性变革。通过运用先进的人工智能技术，零售业不仅提高了运营效率，还优化了客户体验，推动了整个行业的创新与升级。人工智能技术在零售业引领着智能化的推荐系统的发展。通过深度学习和大数据分析，零售商可以更精准地了解消费者的购物偏好和历史行为，从而为每位用户提供个性化的商品推荐，提高销售转化率。人工智能在零售业的预测性分析中发挥着关键作用。通过对大量销售数据、市场趋势和供应链信息的分析，人工智能能够准确预测产品需求，帮助零售商实现库存的优化，降低过剩和缺货风险，提高供应链的效率。零售业的客户服务得到了人工智能的引领，实现了智能客服和自动化服务。聊天机器人、虚拟助手等技术通过自然语言处理和机器学习，能够实时响应用户查询，解决常见问题，提升客户服务的效率和便捷性。人工智能在零售业支付领域推动了智能支付的发展。人脸识别、指纹识别等技术为支付提供了更安全的手段，同时智能支付系统通过学习用户支付行为，能够及时识别异常交易，提高支付的安全性。零售业在实时监测和反馈方面借助人工智能实现了更高水平的机制。通过实时监控销售数据、顾客行为等信息，人工智能系统能够及时发现问题，快速调整经营策略，实现对市场变化的灵活应对。人工智能为零售业带来了数据驱动的决策和战略规划。通过深度学习和数据分析，人工智能能够处理大规模数据，提供准确的市场洞察，帮助零售商制定更为智能化、精准的经营策略。人工智能的引领使得零售业实现了从传统到智能化的革命性变革，提升了企业的竞争力，为消费者创造更为个性化和便捷的购物体验。

二、智能化的推荐系统

人工智能技术为零售业带来了智能化的推荐系统。通过分析用户的购物历史、偏好和行为数据，人工智能能够精准预测用户的喜好，提供个性化的商品推荐，促进销售增长，并提高用户满意度。

（一）数据收集与整合

数据收集与整合是智能推荐系统的关键步骤之一。在零售业中，这个过程涉及收集用户的购物历史、点击行为以及喜好等多方面的数据。这些数据的来源包括用户在网上购物时的交易记录、他们在平台上的点击和浏览行为，以及可能还包括用户在社交媒体上的活动等。首先，购物历史是一个宝贵的资源，可以揭示用户的购买习惯、偏好品牌和产品类型。通过分析用户的历史交易记录，推荐系统可以了解用户的消费水平、频率和趋势，为个性化推荐提供重要依据。其次，点击行为和浏览记录也是重要的数据来源。通过监测用户在平台上的点击，系统能够捕捉到用户感兴趣的商品和类别。这有助于理解用户的实时兴趣，并为推荐算法提供实时更新的数据。最后，用户的喜好数据可能来自各种渠道，包括用户自己在平台上设定的偏好、收藏的商品、评价和评论等。这些信息可以帮助系统更全面地了解用户的口味和喜好，从而提供更符合其期望的个性化推荐。在整合这些数据时，推荐系统需要处理来自不同渠道和格式的信息，确保数据的一致性和准确性。通过建立庞大的用户数据库，系统能够更全面地了解用户的行为和偏好，为精准的推荐算法奠定基础。这一综合的用户信息基础为后续的推荐算法和模型提供了丰富的输入，使得推荐系统能够更好地理解和满足用户的个性化需求。

（二）特征提取与分析

特征提取与分析是智能推荐系统中的另一个重要步骤。人工智能技术，特别是深度学习算法，被广泛应用于对用户数据的分析和特征提取过程。通过深度学习算法，系统能够自动识别并学习用户的偏好和购物习惯。这些算法可以在海量的用户数据中挖掘潜在的模式和关联性，从而更准确地理解用户的喜好。例如，神经网络可以通过多层次的学习过程，发现隐藏在用户行为背后的复杂关系，从而提取有意义的特征。

在特征提取的过程中，系统可能会考虑各种因素，如购买频率、浏览历史、购物车中的商品等。这些特征可以被视为系统用来描述用户行为和偏好的关键指标。一旦提取了这些特征，系统就可以进行进一步的分析，揭示用户之间的相似性和商品之间的关联性。这有助于构建用户画像，即对用户兴趣和特征的综合描述，为个性化推荐提供更精准的依据。总体而言，特征提取与分析利用人工智能技术的强大能力，帮助推荐系统更深入地理解用户，并从海量数据中提取出对个性化推荐有价值的信息。这为后续推荐算法的设计和优化提供了有力的支持，提高了系统的推荐准确性和用户满意度。

（三）推荐算法的应用

推荐算法是智能推荐系统的关键组成部分，其应用对于提高推荐的准确性和用户满意度至关重要。协同过滤算法基于用户行为的相似性或商品之间的关联性来进行推荐。有两种主要类型，分别是用户协同过滤和物品协同过滤。用户协同过滤通过比较用户行为历史来找到相似的用户，然后推荐相似用户喜欢的商品。物品协同过滤则通过分析商品之间的关联性，向用户推荐与其过去喜欢的商品相似的商品。内容推荐算法主要关注商品本身的特征。通过分析商品的标签、描述、类别等信息，系统可以为用户推荐那些与其过去喜好的商品在特征上相似的商品。内容推荐算法尤其适用于新用户或冷启动问题，因为它们不依赖用户之间的相似性。深度学习算法利用深度神经网络进行推荐。这些算法能够处理大规模、非线性的用户行为数据，学习复杂的用户行为模式和商品关联性。深度学习算法的优势在于能够从数据中提取高阶特征，对于推荐系统的建模更加灵活。基于规则的推荐算法利用预定义的规则进行推荐。这可以包括根据用户的历史购买行为、商品的属性或其他特定规则来生成推荐列表。规则可以是领域专家定义的，也可以通过数据挖掘和分析得出。混合推荐算法结合多种算法以平衡它们的优势和劣势。混合推荐系统可以综合利用协同过滤、内容推荐、深度学习等多个算法，提供更全面、准确和个性化的推荐服务。综合运用这些推荐算法，智能推荐系统能够更好地理解用户需求，为每个用户生成个性化的商品推荐列表，提高用户体验和满意度。这也是推荐系统不断演进和优化的方向，以适应不同领域和用户群体的需求。

(四) 实时更新与动态调整

智能化的推荐系统之所以如此强大，得益于其实时更新和动态调整的特性。这个系统会不断地观察、学习用户的最新行为和反馈，通过分析这些信息，迅速作出调整，以保持推荐策略的有效性。这种及时反馈的机制确保了推荐结果的新鲜性和适应性，使用户始终能够享受到个性化的推荐体验。实时更新是推荐系统保持高效运作的关键。通过实时监测用户的行为，系统能够快速捕捉到他们的兴趣和偏好的变化。这种敏感性使得推荐系统能够立即作出相应调整，确保推荐的内容与用户当前的兴趣保持一致。动态调整则是系统灵活应对各种情境的手段。用户的兴趣可能随时发生变化，新的内容和趋势也在不断涌现。通过动态调整推荐策略，系统可以随时适应这些变化，确保推荐结果的个性化程度不降低。这种灵活性使得推荐系统能够在不同用户和不同时间段提供最合适的推荐。总体而言，实时更新和动态调整使智能推荐系统更像是一个不断学习的个人助手，时刻关注用户的需求，为其提供最符合当前兴趣和偏好的推荐内容。

(五) 用户体验与满意度提升

在最终关注点上，智能化的推荐系统扮演了关键角色，致力于提升用户体验和满意度。通过深入理解用户的兴趣和需求，零售业能够实现更精准的商品推荐，从而为用户量身定制个性化的购物体验。用户体验的提升始于对用户行为和反馈的深入分析。智能推荐系统通过不断学习用户的喜好和购物历史，能够准确预测用户的需求。这意味着用户会更频繁地遇到符合他们口味和偏好的商品，从而提高购物体验的个性化程度。个性化推荐不仅仅让购物更加便捷，也增加了用户对推荐系统的信任感。当用户感受到系统真正理解他们的需求并能够提供有价值的建议时，他们更有可能对推荐系统产生积极的态度，从而提升满意度。提高用户满意度有助于建立长期的用户忠诚度。用户在享受个性化推荐带来的愉悦购物体验的同时，也更有可能成为忠实的顾客。这种满意度的提升不仅提高了用户的购物频率，还促进了销售的增长。综合而言，通过智能化的推荐系统实现用户体验和满意度的提升，零售业能够与用户建立更紧密的联系，为业务的可持续增长打下坚实基础。智能化的推荐系统在零售业中发挥着重要作用，通过深度学习和数据分析，提高了推荐的准确性和个性化水平，为零售商创造了更智能、更具吸引力的购物体验。

三、预测性分析与库存优化

人工智能在零售业中应用广泛，尤其在预测性分析和库存优化方面发挥了关键作用。通过分析大量的销售数据、市场趋势和供应链信息，人工智能能够精确预测需求，实现库存的精准管理，减少过剩和缺货，提高供应链的效率。

（一）销售数据分析

通过先进的算法和模型，系统深度挖掘大量销售数据。这包括了每个产品的销售量、销售额、销售渠道、购买频率等多维度信息。这个过程不仅帮助零售商了解当前销售状况，还能识别出潜在的购买模式和消费者偏好。通过对销售数据的深入分析，人工智能系统能够识别出产品的畅销时段、受欢迎的地区，乃至消费者在购物过程中的行为模式。这种对潜在模式的识别有助于零售商更好地了解市场动态，为未来的销售策略提供有力支持。销售数据分析也能揭示出产品之间的关联性和交叉销售的潜力。通过识别消费者在购物时的联想和偏好，人工智能系统能够为零售商提供有针对性的推荐和搭配建议，进一步提升销售的多样性和附加值。总体而言，销售数据分析是人工智能在零售业的第一步，为后续的预测性分析和决策提供了丰富而深入的信息基础。通过深度挖掘数据，零售商能够更精准地洞察市场，更灵活地调整销售策略，从而提升竞争力。

（二）市场趋势监测

人工智能通过实时监控市场趋势和变化，确保预测模型的及时更新。这种灵活性使得零售商能够迅速作出调整，以适应市场的实际情况，避免陷入过度库存或缺货的困境。通过实时监控市场趋势，人工智能系统能够感知到潜在的变化，如新的购物热点、产品热销趋势、竞争对手的动向等。这些信息直接影响到销售策略的制定和库存管理的调整。及时了解市场趋势，零售商可以更准确地预测未来的需求，提前做好库存准备。灵活性不仅表现在对市场变化的感知上，还体现在系统能够快速更新预测模型上。当市场趋势发生变化时，人工智能系统能够自动学习新的模式和规律，调整预测算法，确保预测的准确性和适应性。这使得零售商能够更具敏捷性地应对市场的波动。总体而言，市场趋势监测是人工智能在零售业的关键一环。通过实时感知市场变化并灵活调整预测模型，零售商能够更好地适应动态的市场环境，降低经营风险，提高库存管理的效率。

（三）供应链信息整合

人工智能发挥着对供应链各个环节数据的整合作用，实现对库存的实时监控和管理。通过对供应链的全面分析，零售商能够更有效地协调生产、运输和库存，降低库存持有成本。人工智能系统整合来自不同环节的供应链数据，包括生产计划、运输状态、仓储情况等。这种全面性的数据分析使零售商能够实时了解整个供应链的运作状况，从而更好地协调各个环节的活动。通过实时监控供应链信息，人工智能系统能够迅速识别潜在的问题，如生产延误、运输故障或库存异常。这种早期预警使零售商能够及时采取措施，避免因供应链问题而导致的缺货或过剩库存情况。整合供应链信息还使零售商能够更精准地进行库存规划。系统可以根据销售数据、市场趋势和供应链状态，智能地确定每个产品的最佳库存水平，从而避免过多的库存积压，减少库存持有成本。综合而言，供应链信息整合是人工智能在零售业中的关键一环。通过实时监控和全面分析供应链数据，零售商能够更高效地管理库存，降低成本，提高整体运营效率。

（四）精准库存管理

人工智能基于预测性分析的结果，帮助零售商实现更为精准的库存管理。这一步是预测性分析的直接延伸，通过深入了解市场趋势、消费者行为和供应链信息，系统能够为每个产品确定最合适的库存水平，避免过剩和缺货的情况。通过准确的需求预测和市场趋势监测，人工智能系统能够为每个产品制定动态的库存策略。对于热销产品，系统会确保库存充足以满足需求，而对于滞销产品，则能够降低库存水平，减少资金占用。这种精准的库存管理不仅提高了库存周转率，还降低了库存持有成本，最终提高了企业的盈利能力。人工智能系统还能够根据季节性变化、促销活动和其他市场因素灵活调整库存策略。这种动态性使零售商能够更灵活地应对市场的变化，确保库存始终与实际需求相匹配。总体而言，精准库存管理是人工智能在零售业的一项关键功能。通过细致的预测和智能的库存调整，零售商能够最大限度地提高库存效益，降低库存风险，为企业的可持续发展提供有力支持。

（五）供应链效率提升

人工智能通过优化供应链各个环节，帮助零售商提高整体供应链的效率。这一层是前面层次的综合体现，涵盖了从生产到配送再到库存管理的全流程优化。首先，在生产环节，人工智能可以根据需求预测、市场趋势和供应链状态，智能地调整生产计划。这样可以避免因过剩生产而浪费资源，同时确保生产能够满足实际需求，提高生产效率。其次，在配送环节，人工智能通过实时监控运输状态和交通状况，优化配送路线和时间安排。这有助于减少运输时间和成本，提高配送效率。同时，系统可以智能地调整库存水平，确保产品能够及时送达而不至于积压。最后，在库存管理环节，人工智能通过精准库存管理和动态调整，确保库存始终与实际需求相匹配。这有助于减少库存积压和缺货风险，提高库存周转率，降低库存成本。综合而言，供应链效率提升是人工智能在零售业的关键一环。通过优化整个供应链，零售商能够实现生产、配送和库存的协调，提高整体效率，为企业创造更大的竞争优势。这种高效的供应链管理不仅提高了客户满意度，还有助于降低运营成本，提高企业的盈利能力。

四、智能客服与自动化服务

人工智能驱动的智能客服系统使得零售业的客户服务更为高效和便捷。虚拟助手、聊天机器人等技术能够实现自动化的客户服务，提供实时响应，解答常见问题，降低人工成本，提升客户体验。

（一）虚拟助手的引入

引入虚拟助手为客户提供了更高效的支持方式，通过语音或文字与客户实时互动，解答问题，提供帮助，而无须人工干预。这种虚拟助手不仅提高了客户服务的响应速度，实现了24/7全天候服务，还大大降低了企业的人工成本。客户可以随时随地与虚拟助手进行互动，获取关于产品、订单、服务等方面的信息，提高了客户满意度和体验。虚拟助手利用自然语言处理和机器学习技术，能够理解客户提出的问题并做出相应的回答。随着时间的推移，虚拟助手不断学习和优化，逐渐提升了解决问题的能力，为客户提供更加智能、个性化的服务。总体而言，虚拟助手的引入不仅提高了客户服务的效率，还为零售业带来了成本的降低和客户体验的提升。这种人工智能技术的运用使得客户能够更便捷地与企业互动,为零售商创造了更强大的竞争优势。

(二) 聊天机器人的应用

聊天机器人的应用在智能客服系统中确实是一个非常有力的工具。这些机器人利用深度学习和自然语言处理技术,能够模拟自然语言交流,理解客户提出的问题,并提供相应的解答。首先,聊天机器人大大提高了客服系统的响应速度。无论是处理简单的查询还是复杂的问题,机器人能够立即回应客户的需求,实现即时的服务。这种实时性不仅提高了客户满意度,还增强了客户对企业的信任感。其次,聊天机器人在处理大量客户咨询方面表现出色。机器人能够同时应对多个客户的问题,而不会受到疲劳或延迟。这种高效性使得企业能够更好地处理客户服务的高峰时段,提高了整体的服务质量。聊天机器人还能够处理常见问题,为客户提供基本的信息和解决方案。这有助于解放人工客服的时间,使其能够更专注于处理复杂、特殊性高的问题,提高了客服团队的效率和专业性。最后,聊天机器人的不断学习和优化能力使其逐渐变得更加智能和个性化。通过对客户互动数据的分析,机器人能够不断改进自己的回答方式,更好地符合客户的需求,提升了整体的客户体验。综合而言,聊天机器人的应用为零售业的客户服务带来了革命性的变化。它不仅提高了效率,降低了成本,还改善了客户体验,为企业赢得了更多的竞争优势。

(三) 自动化的问题解决

在自动化的问题解决方面,智能客服系统发挥了重要作用。通过自动化处理常见问题,系统可以减轻人工客服的工作负担,提高客户服务的效率。首先,智能客服系统利用事先设定的规则和知识库,能够迅速识别和解决一些常见的客户咨询。这些问题可能涉及产品信息、订单状态、常见疑问等。系统通过自动化处理这类问题,能够在瞬间为客户提供准确的答案,不再需要人工介入,从而加快服务响应速度。其次,自动化问题解决使得人工客服能够更专注于处理复杂的问题。因为常见问题得到了自动处理,人工客服团队可以将更多的精力投入那些需要更深层次思考和个性化处理的问题上。这有助于提高整体服务质量,增强客户对企业的信任感。通过自动化处理常见问题,智能客服系统还能够实现对客户历史记录的快速检索,使得对于重复问题的解答更为一致和准确。这有助于建立更好的客户体验,让客户感受到个性化和专业的服务。综合来看,自动化的问题解决是智能客服系统的一项关键功能。通过高效处理常见问题,系统提高了客户服务的效率,为企业节省了时间和人力成本,同时也为客户提供了更快速、一致的服务体验。

(四) 个性化服务体验

在实现个性化服务体验的第四层,智能客服系统通过分析客户的历史数据和偏好,为每位客户提供独特的服务。这种个性化服务不仅使客户感受到更贴近个人需求的关怀,还提升了客户满意度和忠诚度。首先,通过分析客户的历史数据,系统能够了解客户的购买记录、偏好和行为习惯。基于这些信息,系统能够在客户互动中提供更个性化的建议和回答,使得客户感受到被理解和重视。其次,智能客服系统能够通过推荐相关产品或提供定制化建议,进一步增强个性化服务体验。通过了解客户的兴趣,系统可以主动推荐符合其喜好的产品或服务,提高了客户对企业的满意度,并有助于增加交易的可能性。个性化服务还表现在对客户提问的不同回答方式。系统可以根据客户的语气、表达方式和历史互动,调整回答的语言风格和语气,使得与客户的互动更加自然和亲密。总体而言,个性化服务体验是智能客服系统的一项关键功能。通过深度分析客户数据,系统能够为每位客户提供定制化的服务,使得客户感到被重视和关心,从而提高了客户满意度和忠诚度。这种个性化服务不仅加强了客户与企业的关系,还为企业赢得了竞争优势。

(五) 数据分析与优化

智能客服系统不仅仅为客户提供服务,还通过对客户交互数据的深入分析,为企业提供有价值的市场洞察。这种数据分析不仅能够改善客户体验,还为企业提供了优化产品和服务的关键信息。首先,通过分析客户交互数据,系统能够了解客户的需求和偏好。这种深入了解使得企业能够优化产品和服务,更好地满足客户的期望。系统可以识别出客户常见的问题和关切点,为企业提供改进产品和服务的具体方向。其次,通过对客户反馈的情感分析,智能客服系统可以了解客户的情感倾向和满意度。这有助于企业识别出哪些方面需要改进,哪些方面已经取得成功,从而有针对性地进行服务优化和品牌建设。智能客服系统还能够通过大数据分析发现潜在的市场趋势和客户行为模式。这种市场洞察能够帮助企业及时调整营销策略，更好地应对市场的动态变化，提高竞争力。总体而言，数据分析与优化是智能客服系统的一项关键功能。通过深入分析客户交互数据，系统为企业提供了宝贵的市场洞察，使得企业能够持续优化服务、改进产品，并更好地满足客户需求。这种数据驱动的优化过程不仅有助于提升客户满意度，还为企业的可持续发展提供了有力支持。

智能客服与自动化服务通过引入虚拟助手、聊天机器人等技术，提高了客户服务的效率和个性化程度。这不仅满足了客户的即时需求，还为零售业带来了更高水平的客户满意度和运营效益。

五、智能支付与安全保障

人工智能在支付领域的应用使得支付更为智能、便捷，并提供更高水平的安全保障。通过人脸识别、指纹识别等技术，零售业实现了更安全的支付方式，减少了支付风险，提高了交易的安全性。

（一）智能支付技术的引入

人工智能为零售业带来了更智能、便捷的支付方式。这种技术在在线购物和线下交易中都能快速完成支付流程，提升了支付的效率和用户体验。首先，智能支付系统通过识别技术，如人脸识别、指纹识别等，能够实现更安全且快速的身份验证。这样，用户在进行支付时无须输入密码或刷卡，提高了支付的便捷性同时降低了安全风险。其次，智能支付系统在在线购物中通过存储用户的支付信息，使得用户在购物过程中能够一键完成支付，减少了烦琐的输入步骤，提高了购物的流畅度。在线下交易中，智能支付技术还可以实现无感支付。通过与POS系统的对接，用户只需将手机或其他智能设备靠近POS终端，就能够完成支付，无须拿出银行卡或现金，大大提升了支付的便捷性和速度。总体而言，智能支付技术的引入不仅提高了支付的效率，还改善了用户体验，使得支付变得更加智能、安全、便捷。这种技术的发展为零售业带来了更多创新的支付方式，推动了支付行业的不断进步。

（二）生物识别技术的应用

人工智能通过生物识别技术，如人脸识别和指纹识别，为支付提供了更高水平的安全性。这些技术在安全保障方面发挥了关键作用，确保只有授权用户才能完成支付，降低了身份被盗用的风险，增加了支付的安全性。首先，人脸识别技术通过分析用户的面部特征，能够准确地辨识用户的身份。在支付过程中，用户只需通过扫描面部即可完成身份验证，无须输入密码或其他信息，提高了支付的便捷性和安全性。其次，指纹识别技术利用每个人独特的指纹信息进行身份验证。用户只需将指纹与注册时的信息匹配，即可完成支付。这种生物识别方式更加安全，因为指纹是独一无二的，难以伪造。生物识别技术不仅提高了支付的安全性，还简化了支付过程，减少了用户的认证步骤。这对于提高用户体验尤为重要，使得支付变得更加智能和便捷。总体而言，生物识别技术的应用为支付领域注入了更强的安全性。通过确保只有授权用户才能完成支付，这些技术有效降低了支付过程中的风险，为用户提供了更加安全、便捷的支付体验。

（三）行为分析和风险检测

智能支付系统通过这些技术，能够识别异常交易和潜在的欺诈行为。通过分析用户的支付行为模式，系统能够及时发现异常交易并采取相应的安全措施，保护用户的资金安全。首先，通过对用户的支付历史和习惯进行行为分析，智能支付系统能够建立起用户的正常支付模式。一旦系统检测到与正常模式不符的支付行为，如异常的交易金额、异地支付等，就会触发风险检测机制。其次，风险检测技术通过实时监控支付交易，识别潜在的欺诈行为。系统可以分析多个因素，包括交易金额、支付地点、时间等，综合判断是否存在风险。当系统检测到可疑交易时，可以立即采取措施，如发送安全提醒、暂停支付或要求额外的身份验证。智能支付系统还可以借助机器学习算法不断优化行为分析和风险检测的准确性。系统通过不断学习用户的支付行为，逐渐提升对异常交易的识别能力，保持对新型欺诈手段的敏感性。总体而言，行为分析和风险检测是智能支付系统不可或缺的安全功能。通过及时发现和阻止异常交易，系统能够有效防范欺诈行为，保障用户的资金安全，提升了整体支付系统的可信度。

（四）实时监控和反欺诈技术

人工智能在智能支付中发挥了关键作用。通过对支付交易的实时监控，系统能够迅速发现并应对潜在的欺诈行为，确保支付的安全性和可靠性。首先，实时监控技术使系统能够对支付交易进行实时的、全面的监测。系统可以监测多个因素,包括交易金额、支付地点、时间等,以及用户的历史支付行为。通过对这些数据的综合分析,系统能够迅速识别出异常交易,包括可能的欺诈行为。其次,反欺诈技术通过机器学习和模型训练,使得系统能够逐渐学习和识别新型的欺诈手段。系统通过不断优化算法,能够提高对欺诈行为的预测准确性,保持对欺诈手段的敏感性。实时监控和反欺诈技术在发现可疑交易后能够立即采取行动,例如暂停支付、发送安全提醒,甚至要求额外的身份验证。这种即时响应有助于阻止潜在的欺诈行为,保护用户的资金安全。总体而言,实时监控和反欺诈技术是智能支付系统的一项关键功能。通过对支付交易进行全面实时的监测和分析,系统能够及时发现并应对潜在的欺诈行为,提升了支付系统的安全性和可靠性。

(五)持续创新与更新

在持续创新与更新的最后一层,智能支付系统通过不断进行创新和更新,以适应不断演变的支付安全挑战。采用先进的加密技术、区块链等新兴技术,系统能够提高支付系统的防护水平,确保用户信息和交易数据的安全。首先,采用先进的加密技术是智能支付系统保障支付安全的重要手段。通过对数据进行加密,特别是在数据传输和存储过程中,系统能够有效防范黑客攻击和信息泄露,提高了支付系统的抗攻击能力。其次,区块链技术的应用也为支付系统带来了新的安全保障。区块链的去中心化特性和不可篡改的特点使得交易数据更加安全和透明。采用区块链技术可以有效防范欺诈行为,提高支付系统的整体安全性。智能支付系统还可以不断更新支付安全策略,及时修复已知漏洞,以应对不断涌现的新型安全威胁。通过定期的安全更新和漏洞修复,系统能够不断提升自身的安全性,保障用户的支付信息不受损害。持续创新与更新是智能支付系统在支付安全方面的保障。通过引入新兴技术,不断提升系统的安全水平,支付系统能够更好地应对日益复杂的支付安全挑战,为用户提供更安全可靠的支付环境。

智能支付与安全保障的结合使得零售业在支付领域取得了显著的进步。通过生物识别技术、行为分析和实时监控,人工智能为支付提供了更为安全可靠的解决方案,为用户和零售商创造了更加安心的支付环境。

六、实时监测与反馈机制

人工智能技术为零售业带来了实时监测和反馈机制的创新。通过实时监控销售数据、顾客行为等信息,人工智能能够及时发现问题、调整策略,实现对市场变化的快速响应,保持业务的敏捷性。

(一)实时监测销售数据

人工智能通过实时分析销售数据,能够迅速了解产品的销售情况和市场趋势。这种实时性的数据分析使零售商能够更及时地调整库存、推出促销活动,以满足市场需求和提高销售效益。首先,实时监测销售数据允许零售商实时了解产品的热销情况和滞销情况。通过对销售速度、销售额等指标的实时监控,零售商可以快速识别热门产品,及时调整库存和补货,确保畅销产品不断货。其次,实时监测还能帮助零售商发现潜在的市场趋势。通过分析购买模式、消费者行为等数据,系统能够提供关于市场趋势和消费者喜好的实时信息。这使零售商能够更灵活地调整产品组合和推出新品,以适应市场的动态变化。实时监测销售数据还为零售商提供了更精准的销售预测。通过实时数据的不断积累和分析,系统可以更准确地预测未来的销售趋势,帮助零售商制定更合理的库存管理策略和销售计划。总体而言,实时监测销售数据是人工智能在零售业的重要应用之一。通过及时了解市场变化,零售商可以更灵活地调整经营策略,提高销售效益,为客户提供更好的购物体验。

(二)实时监控顾客行为

人工智能技术通过对顾客行为的实时监控,能够分析他们的购物习惯、偏好和反馈。这样的实时洞察使零售商能够更好地个性化推荐产品、调整产品陈列,提高购物体验,增强顾客忠诚度。首先,通过实时监控顾客行为,零售商可以了解顾客在店内的活动轨迹、停留时间以及浏览产品的顺序。这些数据帮助零售商理解顾客的购物习惯,优化店铺布局和产品陈列,提高商品的曝光度和吸引力。其次,人工智能技术能够通过对顾客购物历史和偏好的实时分析,为每位顾客推荐个性化的产品。通过实时推荐系统,零售商能够根据顾客当前的行为和喜好,即时提供符合其兴趣的产品,增加购物的愉悦感和购买欲望。实时监控顾客行为还使零售商能够及时获取顾客的反馈。通过分析顾客在社交媒体上的评论、评分和其他反馈信息，零售商可以迅速了解产品的好评和差评，及时调整经营策略，提高产品质量和服务水平。总体而言，实时监控顾客行为是人工智能在零售业的一项关键应用。通过即时洞察顾客需求和行为，零售商能够更精准地满足顾客期望，提升购物体验，从而增强顾客忠诚度，促进业绩增长。

（三）实时问题发现与解决

通过实时监测业务运营情况，人工智能能够快速发现潜在问题，并及时采取措施解决。无论是供应链问题、库存异常还是客户投诉，实时监测与反馈机制都为零售商提供了快速而精准的问题识别与解决方案。首先，人工智能通过对供应链的实时监测，能够及时发现潜在的问题，如生产延误、物流中断等。通过分析这些数据，系统可以提前预警，并采取相应的调整措施，确保供应链的稳定运作，避免出现断货或过剩的情况。其次，实时监测库存情况使零售商能够及时发现异常，如库存积压、过期产品等。通过智能库存管理系统，零售商可以迅速调整订货量、搬运货物，确保库存的合理水平，降低滞销和损耗。实时监测还能帮助零售商快速响应客户投诉和反馈。通过分析客户在社交媒体、在线评论等渠道的意见，系统可以即时捕捉客户的不满和问题，并及时采取解决措施，提高客户满意度和品牌声誉。总体而言，实时问题发现与解决是人工智能在零售业的一项关键功能。通过及时监测业务运营情况，系统能够迅速发现并解决潜在问题，保障零售业务的顺利运转，提高效率，增强企业竞争力。

（四）市场变化快速响应

在市场变化快速响应的第四层，人工智能通过分析实时市场数据，能够快速响应市场变化。零售商可以根据实时信息调整价格策略、推出新产品或调整营销活动，以保持在激烈市场竞争中的竞争力。首先，通过实时监测市场数据，零售商能够了解竞争对手的价格变动、促销活动等信息。基于这些信息，人工智能系统可以快速制定响应策略，调整自身的价格水平或推出更具吸引力的促销活动，以留住顾客并吸引新客户。其次，实时市场数据的分析还能帮助零售商及时发现新的市场趋势和消费者偏好变化。根据这些变化，零售商可以迅速调整产品组合，推出符合市场需求的新产品，满足消费者的新需求，提高市场占有率。人工智能系统还可以通过社交媒体和在线评论等渠道实时监测消费者的反馈，了解产品的好评和差评。这种即时的反馈使零售商能够迅速调整产品质量、服务水平，提高顾客满意度。总体而言，市场变化快速响应是人工智能在零售业的一项重要功能。通过分析实时市场数据，零售商能够灵活应对市场变化，提高经营效率，增强竞争力，为顾客提供更优质的购物体验。

（五）持续优化与学习

在持续优化与学习的最后一层，实时监测与反馈机制为人工智能系统提供了学习和优化的机会。通过不断收集反馈信息，系统可以进行自我调整和优化，提高预测准确性和业务决策的智能水平。首先，通过实时监测销售数据、顾客行为等信息，系统能够不断积累数据并进行分析。这些数据可以用于训练机器学习模型，提高对销售趋势、顾客偏好等的预测准确性。系统通过学习历史数据中的模式和规律，能够更好地适应未来的市场变化。其次，通过实时监测顾客反馈和投诉，系统能够及时了解产品和服务的优缺点。这些反馈信息为系统提供了改进的方向，帮助零售商不断优化产品质量、服务水平，提高用户满意度。实时监测与反馈机制还可以用于优化推荐算法。系统通过分析顾客的实时行为和反馈，能够不断优化个性化推荐，提高推荐的准确性和用户体验。总体而言，持续优化与学习是人工智能在零售业中的关键功能。通过不断积累经验和反馈信息，系统能够自我调整和提升智能水平，为零售商提供更智能、精准的业务决策支持，促进业务的持续发展。

综合而言，实时监测与反馈机制通过人工智能技术的应用，使得零售业能够更敏锐地洞察市场动态，更迅速地作出决策和调整。这种敏捷性的经营方式有助于提高业务的适应性和竞争力，为零售商创造更加灵活和高效的经营环境。

人工智能与零售业的有机结合不仅提升了企业的运营效率，更为消费者带来了更个性化、智能化的购物体验。

第三节　智能新零售的未来

未来的智能新零售将继续深刻改变零售行业的面貌，通过更先进的技术和创新性的解决方案，为消费者和零售商带来更丰富的体验和更高效的运营。

一、全渠道智能融合

全渠道智能融合确实是未来智能新零售的发展趋势之一。这种融合将线上和线下销售渠道整合起来，创造出更为无缝、便利的购物体验。首先，全渠道智能融合强调了线上线下的无缝连接。消费者可以通过线上平台选择商品，也可以选择在线下实体店购物，而订单、支付和物流等服务可以实现全方位的智能化整合，确保购物体验的一致性。其次，全渠道融合需要充分利用大数据和人工智能技术。通过收集和分析消费者在不同渠道的行为数据，零售商能够更好地了解消费者的喜好和行为模式，从而提供个性化、定制化的购物体验。另外，全渠道智能融合还包括了移动支付、虚拟现实（VR）、增强现实（AR）等新技术的应用。这些技术的引入可以丰富购物体验，提供更具互动性和创新性的服务，使得消费者更愿意在不同渠道间切换购物。在全渠道融合中，供应链也需要进行智能化升级。通过物联网技术，零售商可以实现对商品流转、库存和物流的实时监控，提高库存周转效率，减少损耗，从而更好地满足消费者的需求。最后，全渠道智能融合也要求零售商在组织结构和管理模式上进行调整。需要建立更加灵活、高效的组织结构，以适应快速变化的市场需求和技术发展。综合而言，全渠道智能融合将成为未来智能新零售的核心趋势，通过整合多种技术和渠道，提升购物体验，满足消费者的个性化需求，提高零售商的竞争力。

二、更先进的人工智能应用

更先进的人工智能应用是未来智能新零售发展的重要方向。首先，更智能的虚拟助手将成为零售业的重要支持。这些虚拟助手能够通过自然语言处理和机器学习技术更好地理解用户的需求，提供更精准、个性化的购物建议，帮助用户更快速地找到他们想要的商品。其次，更智能的推荐系统将成为提升销售效益的关键。通过深度学习和大数据分析，零售商可以更好地了解消费者的购物历史、兴趣和偏好，从而精准地推荐符合个性化需求的商品，提高购物转化率。在客户服务方面，更先进的人工智能将实现更高效、快速的服务响应。智能客服系统能够通过自动化和语音识别技术，解决用户的问题，提供 24/7 不间断的在线服务，提升客户满意度。人工智能还将在支付领域发挥更大作用，推动更安全、便捷的支付方式。面部识别、指纹识别等生物识别技术将被广泛应用于支付验证，增加支付的安全性，并提高支付的便捷性。最后，更先进的人工智能应用还将涉及供应链和库存管理。通过预测性分析和智能化的供应链管理系统，零售商可以更好地预测商品需求，降低库存成本，提高供应链的效率。总体而言，更先进的人工智能应用将推动智能新零售向更高水平发展。通过利用先进的技术，零售商可以提供更个性化、智能化的购物体验，提高销售效益，满足消费者不断变化的需求。

三、物联网的广泛应用

物联网的广泛应用是未来智能新零售的一项关键趋势。首先，物联网技术将在供应链和库存管理方面发挥重要作用。传感器和 RFID 技术可以实时监测商品的流动和库存水平，使零售商能够更准确地了解商品的位置、数量和状态，提高库存的效率和管理水平。其次，物联网将为消费者提供更智能的购物体验。智能家居设备、智能穿戴等物联网设备可以与零售商的系统连接，使得消费者能够通过智能设备获取个性化的购物建议、优惠信息，甚至可以通过语音或手势进行购物。在实体店铺中，物联网技术可以创造智能零售环境。例如，通过使用传感器和无线通信技术，零售商可以实现智能照明、智能陈列，根据消费者的位置和偏好提供个性化的推荐服务，提高购物体验的质量。另外，物联网还可以在支付领域发挥作用。例如，通过物联网设备的连接，消费者可以使用智能手机、智能手表等设备进行无感支付，提高支付的便捷性和安全性。物联网还可以在营销和广告方面发挥作用。通过收集和分析消费者的行为数据，零售商可以更好地了解他们的兴趣和需求，精准地进行定向广告和促销活动，提高销售效益。总体而言，物联网的广泛应用将使智能新零售更加智能、便捷和个性化。通过连接各种设备和产品，实现数据的互联互通，零售商能够更好地理解和满足消费者的需求，提高服务水平和市场竞争力。

四、区块链技术的应用

区块链技术的应用确实在未来智能新零售中具有潜在的重要性。首先，区块链技术可以提高供应链的透明度和可追溯性。通过将产品的生产、运输、存储等关键信息记录在不可篡改的区块链上，零售商能够实现对整个供应链的实时监控，减少信息不对称和误导，降低假货的风险。其次，区块链技术可以加强产品认证和防伪。通过在区块链上记录每个产品的唯一标识符和相关信息，消费者可以通过扫描商品的区块链信息来验证产品的真实性，减少仿冒和欺诈行为。另外，区块链技术也可以改善支付和结算过程。由于区块链的去中心化特性和安全加密机制，支付过程更为高效和安全，可以减少支付环节的中间商，降低交易成本，提高支付的透明度和可追溯性。在智能合约方面，区块链技术也可以帮助零售商简化合同管理和执行。通过将合同条款编码成智能合约，可以自动化执行合同，并确保合同条款的透明、不可篡改性，从而提高交易的效率和公正性。最后，通过区块链技术，零售商可以建立更加安全和透明的顾客数据管理系统。消费者的个人信息可以去中心化的方式存储在区块链上，用户有更多的控制权，可以更加安心地分享数据，同时降低了个人信息被滥用的风险。总体来说，区块链技术的应用将在智能新零售中改变传统的商业模式，提高交易的安全性、透明度和效率，增加消费者对零售行业的信任度。

五、可持续发展和社会责任

可持续发展和社会责任的重要性在未来智能新零售中将进一步凸显。首先，零售商将更加关注环保和可持续经营。通过采用智能技术，零售商可以优化供应链、减少能源消耗、降低碳排放，从而更好地实现环保目标。此外，推动绿色包装和循环利用的做法也将成为可持续发展的一部分。其次，社会责任将成为零售商经营的重要组成部分。零售商将更积极地参与社会公益事业，支持社区项目，推动公益慈善活动，并关注员工的福利和工作条件。通过社会责任的实践，零售商可以建立更好的品牌形象，赢得消费者的信任。另外，智能技术也将被应用于提高供应链的透明度。通过区块链等技术，零售商可以追踪商品的来源，防止劣质产品和非法劳工参与生产。在产品选择和推广方面，零售商将更加注重社会责任。通过提供符合环保要求的产品，鼓励消费者作出更可持续的购物选择。智能新零售可以通过数据分析，更好地了解消费者的价值观，推动可持续发展理念的普及。最后，零售商将更加注重员工培训和发展，致力于创造更好的工作环境。通过智能技术的应用，可以提高工作效率，减轻员工的工作负担，并为员工提供更多的发展机会。总体而言，可持续发展和社会责任将成为未来智能新零售的核心价值之一。通过倡导绿色经营、参与社会公益和关心员工福祉，零售商可以更好地适应消费者的期望，实现商业与社会的双赢。

总体而言，未来的智能新零售将是一个更加智能、个性化、高效、可持续的零售生态系统。通过不断创新和技术升级，零售业将为消费者提供更出色的购物体验，为企业创造更大的价值。

第五章　大数据时代电子商务的重构

第一节　大数据背景下的电子商务

一、大数据驱动电子商务的兴起

大数据技术的出现为电子商务提供了强大的支持。大数据的处理和分析能力使得电商平台能够更好地理解消费者行为、产品趋势和市场动态。这为电子商务提供了更全面、深入的洞察，有力推动了电商行业的兴起。首先，大数据为电子商务提供了深入的消费者洞察。通过收集和分析大量的用户数据，电商平台能够更准确地了解消费者的购物习惯、喜好和需求。这使得电商能够个性化地推荐产品、制定营销策略，提高用户满意度和购物体验。其次，大数据支持电商平台进行精准的市场分析。电商通过分析大数据，能够更好地了解市场趋势、竞争对手的动态，从而制定更有效的市场策略。这有助于电商更灵活地调整产品定价、库存管理和营销活动，提高市场竞争力。另外，大数据还支持电商平台进行有效的库存管理。通过实时监控销售数据和库存水平，电商能够更精准地预测商品需求，避免过度库存和缺货的情况，提高库存周转效率。在营销方面，大数据技术使得电商平台能够进行更为精细化的广告投放。通过分析用户行为和兴趣，电商可以实现定向广告投放，将广告更精准地展示给潜在购买者，提高广告的转化率。此外，大数据还支持电商平台建立健全的风控系统。通过分析用户的交易行为和支付模式，电商可以识别潜在的欺诈风险，保障交易的安全性。总体来说，大数据技术的应用使得电子商务能够更全面地了解市场和消费者，更灵活地应对市场变化，提高运营效率和竞争力。这种数据驱动的经营模式推动了电商行业的快速发展和兴起。

二、大数据背景下电子商务的发展

（一）用户行为分析和个性化推荐

在大数据背景下，电子商务平台能够通过分析用户的历史行为数据，了解其偏好和购物习惯。基于这些数据，电商平台可以实现个性化的推荐，向用户展示更符合其兴趣的产品，提高购物体验和销售转化率。

1. 数据采集和积累

在用户行为分析和个性化推荐的首要步骤是大规模数据的采集和积累。电子商务平台通过跟踪用户在平台上的每一个行为，如点击、浏览、购买等，收集并积累大量用户行为数据。这包括用户浏览的商品类别、购物车中的商品、购买历史等。首先，数据采集涵盖了用户在电子商务平台上的各种行为。这包括用户的浏览行为，即用户查看了哪些商品、点击了哪些链接，以及在平台上停留的时间等。购物车和结算流程中的行为也是重要的数据采集对象，因为它们反映了用户的购物意图和实际购买行为。其次，用户购买历史是极为重要的数据来源。通过分析用户的购买历史，电商平台可以了解用户的品位、偏好和消费习惯，为个性化推荐提供有力支持。购买历史数据也有助于建立用户画像，更好地理解用户的整体购物行为模式。另外，用户的搜索行为也是重要的数据采集对象。分析用户的搜索关键词可以揭示用户的兴趣和需求，为个性化推荐提供线索。了解用户搜索的频率和范围还可以帮助优化搜索引擎的推荐算法，提高搜索结果的准确性。在数据采集的过程中，需要确保用户数据的隐私和安全。合规的数据采集和隐私保护是建立用户信任的重要因素。电子商务平台通常需要制定明确的隐私政策，并采取安全措施，确保用户数据的合法使用和保护。总体而言，数据采集和积累为电子商务平台提供了丰富的用户行为数据，为后续的用户行为分析和个性化推荐奠定了基础。通过充分利用这些数据，电商平台能够更好地了解用户，提供更个性化、精准的购物体验。

2. 行为模式分析

行为模式分析是电子商务平台利用大数据技术的重要环节。首先，电子商务平台通过大数据技术对用户行为数据进行深度分析，以识别和理解用户的购物行为模式。

这包括了解用户在不同时间段的活跃程度，分析用户的购物周期，以及发现用户对特定品牌、商品类别的偏好。其次，行为模式分析可以帮助电商平台建立用户画像。通过综合分析用户的浏览、点击、购买等行为，平台可以更全面地了解用户的兴趣、喜好和购物习惯，从而形成更为精准的用户画像。另外，电商平台可以通过行为模式分析发现潜在的用户群体和市场趋势。通过分析用户群体的共同特征和行为，平台可以识别出具有相似购物行为模式的用户群体，为精准定位和营销提供依据。同时，了解用户的行为模式也有助于预测市场趋势，指导平台的商品采购和库存管理。在行为模式分析中，电商平台通常采用机器学习和数据挖掘等技术，通过算法模型发现隐藏在大量数据背后的规律和趋势。这使得平台能够更快速、准确地响应用户的需求，并提供更符合用户期望的个性化服务。总体而言，行为模式分析是电子商务平台利用大数据技术优化用户体验、提高销售效益的关键环节。通过深入了解用户的行为模式和偏好，平台可以更好地进行个性化推荐、定制化服务，提升用户满意度和忠诚度。

3. 用户画像建模

用户画像建模是电子商务平台在大数据背景下的一项关键任务。首先，用户画像建模通过综合用户的多维度信息来描绘一个更为完整的用户形象。这些信息包括用户的基本信息（如年龄、性别、地理位置）、行为数据（如浏览、点击、购买历史）、兴趣爱好、社交关系等。通过对这些信息进行综合分析，电商平台可以更全面地了解用户，建立更为准确的用户画像。其次，用户画像建模不仅仅关注用户的当前状态，还着眼于用户的变化和发展。通过分析用户的历史行为数据，平台可以发现用户的购物偏好是否发生变化，是否有新的兴趣点，从而及时调整用户画像，保持个性化推荐的精准性。另外，用户画像建模涉及数据的动态更新和实时处理。由于用户行为和兴趣可能随时发生变化，电商平台需要确保用户画像能够及时反映最新的用户状态。这需要实时的数据采集、处理和更新机制，以保持用户画像的准确性。在用户画像建模中，机器学习和数据挖掘等技术扮演着重要角色。通过运用这些技术，平台可以从大量的用户数据中挖掘出潜在的规律和关联，不断优化用户画像建模的算法，提高个性化推荐的准确度。总体而言，用户画像建模是电子商务平台为了更好地理解和服务用户而进行的重要工作。通过建立准确、全面的用户画像，平台可以更好地满足用户的个性化需求，提高用户的体验和忠诚度。

4. 算法模型应用

算法模型的应用是电子商务平台实现个性化推荐的关键环节。首先，电子商务平台使用机器学习和深度学习等算法模型，将用户画像与商品进行关联分析。这些模型通过学习用户的历史行为、兴趣点，以及商品的特征，建立用户和商品之间的关系。这使得平台能够预测用户可能感兴趣的商品，为个性化推荐提供有力支持。其次，推荐系统能够实现更为精准的个性化推荐。通过算法模型的应用，平台能够根据用户的个性化需求和购物偏好，向用户推荐最合适的商品。这不仅提高了用户的购物体验，也有助于提高销售效益。另外，算法模型在推荐系统中不断学习和优化。通过分析用户对推荐结果的反馈，模型能够调整推荐策略，逐步提高推荐的准确性和个性化程度。这种动态学习的过程使得推荐系统能够适应用户变化的购物行为，保持推荐的实效性。在算法模型应用中，电商平台通常采用协同过滤、内容过滤、深度学习等多种推荐算法。协同过滤通过分析用户和商品之间的相似性，推荐与用户历史行为相似的商品。内容过滤则根据商品的特征和用户的兴趣进行匹配。深度学习则可以挖掘更复杂的关系和模式，提高推荐的精准度。总体而言，算法模型的应用使得电子商务平台能够提供更个性化、精准的推荐服务。通过不断学习和优化，这些模型推动了个性化推荐技术的不断进步，为用户提供更符合其需求的购物体验。

5. 实时个性化推荐服务

实时个性化推荐服务是电子商务平台的一项重要功能，结合用户行为分析和算法模型的支持，实现以下关键点：首先，实时个性化推荐服务能够即时响应用户的行为。当用户访问电商平台时，系统立即分析用户的实时行为，如浏览商品、搜索关键词、添加购物车等。通过实时分析这些行为，平台能够迅速生成个性化推荐，提供与用户当前兴趣和需求最匹配的商品。其次，基于实时行为的个性化推荐能够提高用户的购物体验。用户在平台上浏览时，即时获得个性化的推荐，使其更容易找到感兴趣的商品，减少浏览时间，提高购物效率。这种即时性的个性化服务增强了用户对平台的满意度。另外，实时个性化推荐服务有助于提高销售转化率。通过向用户即时推荐符合其兴趣的商品，平台可以促使用户更快速地进行购买决策，增加用户的购物意愿，提高交易转化率。在实时个性化推荐中，算法模型扮演着关键角色。这些模型能够根据用户的实时行为，实时调整推荐策略，确保推荐结果更符合用户当前的购物需求。机器学习和深度学习等算法的灵活应用使得推荐系统更具适应性和准确性。总体来说，实时个性化推荐服务通过结合用户实时行为和算法模型的分析，为用户提供个性化、即时的购物建议，提高用户满意度和购物体验，同时促进销售转化率的提升。

（二）供应链优化和实时库存管理

大数据在电子商务中的应用不仅局限于前端用户体验，还包括后端的供应链管理。通过大数据分析，电商平台可以实现供应链的实时监测和优化，确保产品的及时上架、库存的合理管理，从而降低运营成本，提高运营效率。

1. 实时库存监测

实时库存监测是电子商务平台借助大数据技术实现的一项重要功能。首先，大数据技术为电商平台提供了多种实时监测手段，包括传感器、条码扫描等技术。这些技术能够实时记录商品的出入库情况、库存数量、位置等信息，确保库存数据的及时更新。能够随时了解各类商品的库存水平。通过实时监测，平台可以准确地掌握每个商品的库存数量，及时发现低库存或高库存的情况。这有助于平台及时采取相应措施，如补货或促销，以避免因库存不足或过多而导致销售问题。另外，实时库存监测有助于提高库存管理的效率。电商平台可以根据实时库存数据进行智能化的库存规划和管理，避免因库存不足而导致订单无法满足，或因过多库存而造成资金浪费。这有助于提高库存周转率，降低库存持有成本。在供应链管理方面，实时库存监测也为电商平台提供了更好的可视化和跟踪能力。通过大数据分析，平台可以实时监测供应链的各个环节，了解商品从供应商到消费者的整个流程，帮助提高供应链的透明度和效率。总体而言，实时库存监测借助大数据技术的支持，使得电子商务平台能够更精准、及时地管理商品库存，提高库存管理的效率，降低运营风险，从而更好地满足消费者的需求。

2. 需求预测与订单管理

需求预测与订单管理是电子商务平台利用大数据分析的关键环节。首先，大数据分析关注历史销售数据、市场趋势等信息，通过算法模型对未来的需求进行预测。这些模型可以考虑多种因素，如季节性变化、促销活动影响、新产品上市等，从而更精准地预测不同商品的需求量。其次，需求预测为电商平台提供了更好的订单管理依据。

基于对未来需求的预测，平台可以制订更合理的订购计划，确保在需求高峰时有足够的库存，避免因缺货而失去销售机会，同时避免因库存过剩而增加资金成本。另外，大数据分析还能够帮助电商平台识别畅销商品和滞销商品。通过分析销售数据，平台可以及时调整库存策略，增加热门商品的库存，减少滞销商品的订购量，以提高库存周转率和资金利用效率。在订单管理方面，大数据分析还可以优化订单处理流程。通过分析订单数据，平台可以了解订单的处理时间、配送时效等关键指标，优化仓储和物流管理，提高订单处理的效率和客户满意度。总体而言，需求预测与订单管理通过大数据分析的手段，使得电子商务平台能够更科学、精准地管理商品库存。通过预测需求、优化订购计划和订单处理流程，平台能够更好地适应市场变化，提高库存周转率，降低运营成本，提供更优质的购物体验。

3. 供应链协同和优化

供应链协同和优化是大数据技术在电子商务中的重要应用领域。首先，大数据技术通过整合供应链上下游的数据，使得电商平台能够实现对供应链的全面协同。从供应商、制造商到物流服务提供商，通过共享实时数据，平台能够更好地协同各个环节的运作，提高整体供应链的协同效率。其次，大数据分析可用于优化供应链的各个环节。通过对供应链数据的深入分析，平台可以发现潜在的瓶颈和效率低下的环节，并采取相应措施进行优化。这有助于提高生产、仓储和物流等方面的效率，降低运营成本。另外，大数据技术还能够帮助电商平台更准确地预测需求，从而实现更精细的库存管理。通过分析市场趋势、用户购买行为等数据，平台可以更好地调整供应链的生产和配送计划，确保在需求高峰时有足够的库存，避免过多库存导致资金浪费。在物流方面，大数据技术也发挥了关键作用。实时监测物流数据，包括运输路线、运输时间、货物状态等，使得平台能够更好地跟踪物流流程，提高物流的可视化和透明度，减少配送时间，提高客户满意度。总体而言，大数据技术的应用使得电子商务平台能够实现供应链的协同和优化。通过整合数据、优化运营流程，平台能够提高供应链的效率，降低成本，更好地适应市场变化，为用户提供更快速、可靠的服务。

4. 实时反馈和持续改进

实时反馈和持续改进是大数据技术在电子商务供应链中的重要应用。首先，大数据技术通过实时监测和分析供应链数据，能够迅速发现潜在的问题和瓶颈。无论是生产环节、仓储过程还是物流运输，平台都可以通过数据分析实时了解各个环节的运作情况，发现可能影响效率的因素。其次，实时反馈机制使得电商平台能够快速响应问题，并及时采取措施进行调整。通过即时获取供应链数据，平台可以在问题发生时立即发出警报，并启动相应的应对措施，以减小问题的影响范围，确保供应链的正常运转。另外，大数据技术支持供应链的持续改进。通过对历史数据的深入分析，平台可以发现供应链运作中的潜在改进点，并通过实验和优化策略进行持续改进。这有助于提高供应链的效率、降低成本，并不断适应市场变化和用户需求的变化。在持续改进的过程中，电商平台可以采用数据驱动的方法，通过大数据分析为决策提供支持。通过数据反馈，平台可以更客观地评估改进措施的效果，作出更为科学的决策，实现供应链的不断优化。总体而言，实时反馈和持续改进是大数据技术为电子商务供应链带来的重要优势。通过及时发现问题、快速响应和持续改进，电商平台能够提高供应链的稳定性、适应性和整体运营水平。

（三）营销决策和广告投放优化

大数据技术为电子商务提供了更精准的营销决策支持。通过分析广泛的市场数据，电商平台能够更准确地预测产品需求、优化价格策略，并通过精准的广告投放吸引潜在客户。这种个性化的广告和促销策略有助于提高销售额和客户忠诚度。

1. 市场数据分析

市场数据分析是大数据技术在电子商务中的重要应用之一。首先，大数据技术能够收集和处理大规模的市场数据。这包括用户在平台上的浏览、搜索、购买等行为数据，以及外部市场的趋势、竞争对手的动态等信息。通过整合这些数据，电商平台能够建立全面的市场数据库。其次，市场数据分析帮助电商平台了解消费者的行为模式。通过分析用户的购物习惯、喜好、点击路径等数据，平台可以揭示用户的消费决策过程，了解用户的需求和偏好，为个性化推荐和精准营销提供依据。另外，市场数据分析还可以揭示市场趋势和潜在机会。通过对销售数据的时序分析，平台可以发现产品的销售季节性、周期性等规律，从而调整库存策略。同时，通过对竞争对手的数据进行比较分析，电商平台可以更好地把握市场竞争态势，制定更具竞争力的战略。在营销方面，市场数据分析为电商平台提供了精细化的数据支持。通过分析广告效果、促销活动的反馈等数据，平台可以调整营销策略，提高广告投放的效果，优化促销活动，提高转化率和销售额。总体而言，市场数据分析是大数据技术在电子商务中的关键应用之一。通过深入挖掘和分析市场数据，电商平台可以更全面地了解市场情况，制定更有针对性的战略，提高运营效率，增强市场竞争力。

2. 用户行为分析

用户行为分析是大数据技术在电子商务中的关键应用之一。首先，大数据技术可以收集和处理用户在电商平台上的各种行为数据，包括用户的浏览记录、点击路径、搜索关键词、购买历史等信息。通过整合这些数据，电商平台能够建立用户行为的全面数据库。其次，用户行为分析帮助电商平台了解用户的偏好和购物习惯。通过对用户历史行为数据的深入分析，平台可以揭示用户的喜好、关注点、购物决策过程等信息。这有助于建立用户画像，为个性化推荐和定向营销提供依据。另外，用户行为分析还能够发现用户的潜在需求和购物动机。通过分析用户在平台上的行为模式，电商平台可以识别出用户的购物意愿、关注的商品类别、喜好的品牌等信息。这有助于平台更精准地满足用户的需求，提高用户满意度。在个性化营销方面，用户行为分析为电商平台提供了精细化的数据支持。通过了解用户的购物历史、点击偏好等信息，平台可以进行个性化的推荐、优惠券发放等定向营销活动，提高用户参与度和购物转化率。总体而言，用户行为分析是大数据技术在电子商务中的关键应用之一。通过深入挖掘和分析用户的历史行为数据，电商平台可以更好地理解用户，提供更符合其需求的个性化服务，从而提高用户体验和忠诚度。

3. 价格策略优化

价格策略优化是大数据技术在电子商务中的关键应用之一。首先，大数据技术可以收集和分析市场的定价情况。通过监测竞争对手的价格、行业的价格水平，电商平台能够了解市场的价格趋势和定价标准。这有助于制定自身的价格策略，确保价格的合理性和竞争力。其次，大数据分析用户的购买行为，包括价格敏感度、购买频率、购物车中的商品等信息。通过对用户购买行为的深入分析，电商平台可以了解用户对价格的敏感度，为制定个性化的价格策略提供数据支持。另外，价格策略优化也包括制定合理的折扣和促销活动。通过分析用户对不同促销活动的反应，平台可以了解哪种促销方式更受用户喜爱，从而提高促销的效果。同时，大数据分析还能够帮助平台确定最佳的促销时机，以增加用户参与度。在动态调整方面，大数据技术能够帮助电商平台根据市场变化进行灵活的价格调整。通过实时监测市场需求、库存状况等数据，平台可以及时调整价格策略，以适应市场的动态变化，提高销售额和市场占有率。总体而言，价格策略优化是大数据技术在电子商务中的关键应用之一。通过深入分析市场和用户数据，电商平台可以制定更具竞争力和个性化的价格策略，提高用户满意度，促进销售增长。

4. 个性化广告投放

个性化广告投放是大数据技术在电子商务中的重要应用之一。首先，大数据技术通过对用户行为和偏好的深入分析，能够建立用户画像。这包括用户的浏览记录、搜索关键词、购买历史等信息。通过对这些数据的综合分析，电商平台可以了解用户的兴趣、喜好、购物习惯等信息。其次，基于建立的用户画像，电商平台可以定制个性化的广告内容。通过精准的定位用户群体，平台可以向特定用户展示符合其兴趣和需求的广告，提高广告的相关性和吸引力。另外，大数据技术支持实时的广告投放。通过实时监测用户在平台上的行为，平台可以即时调整广告投放策略，确保用户看到最有可能引起兴趣的广告。这有助于提高广告的点击率和转化率，提升广告效果。在广告成本方面，个性化广告投放也能够降低平台的广告成本。通过精准投放，广告更有可能被感兴趣的用户点击，从而提高广告的转化率，降低每次点击的成本，提高广告的效果。总体而言，个性化广告投放是大数据技术在电子商务中的一项重要应用，通过精准定位用户，提升用户体验，同时有效控制广告成本，为电商平台创造更好的广告效果。

（四）安全风控和信任建设

在电子商务中，大数据也被广泛用于安全风控，防范欺诈行为。通过分析用户交易模式和行为数据，系统能够及时发现异常交易，降低欺诈风险。同时，通过大数据的应用，电商平台还能够建立信任体系，提高用户对电商平台的信任度，促进交易的顺利进行。

1. 欺诈检测和分析

欺诈检测和分析是大数据技术在电子商务安全风控中的关键应用。首先，大数据技术能够分析大量的交易数据和用户行为数据。通过监测用户在平台上的交易行为、登录地点、购买频率等信息，系统可以建立模型来识别正常和异常的交易模式。其次，欺诈检测模型可以识别各种异常行为，如不寻常的购买频率，异地登录，异常金额交易等。这些异常模式可能是欺诈活动的迹象，系统能够通过实时监测并分析数据，及时发现并标识这些异常行为。另外，大数据技术支持实时的欺诈检测。通过实时监控交易流程和用户行为，系统能够在交易发生时迅速识别潜在的欺诈行为，采取及时的措施，如触发风险提示、要求额外的身份验证等。在模型的建立过程中，大数据技术还可以采用机器学习和深度学习等算法，不断优化欺诈检测的准确性。通过对历史欺诈案例的学习，模型能够提高对新型欺诈行为的识别能力，不断提升安全防范水平。总体而言，欺诈检测和分析是大数据技术在电子商务中的一项关键应用，通过分析大量的数据，建立欺诈检测模型，系统能够及时发现并应对各种欺诈行为，保障用户的交易安全。

2. 实时监控和反欺诈技术

实时监控和反欺诈技术是大数据技术在电子商务安全领域的关键应用。首先，大数据技术支持电子商务平台实时监控交易过程中的各种变化。这包括支付方式的改变、交易金额的异常、用户登录地点的异动等。通过对实时数据的监控，系统能够迅速捕捉到潜在的欺诈行为的迹象。其次，实时监控系统能够根据预设的规则和模型，进行实时的风险评估。通过对实时数据进行分析和比对，系统可以判断当前交易是否存在潜在的欺诈风险。这种实时评估使得系统能够在交易发生时即时采取措施，提高反欺诈的效果。另外，实时监控系统还能够支持自动化的反欺诈决策。通过预先设定的规则和算法，系统可以自动判断是否触发欺诈风险，从而进行相应的处理，如停止交易、触发风险提示、要求额外验证等。在反欺诈技术方面，大数据技术还可以采用机器学习和深度学习等方法。通过对大量欺诈案例和正常交易数据的学习，模型能够不断优化，提高对新型欺诈行为的识别能力，实现更精准的反欺诈。总体而言，实时监控和反欺诈技术是大数据技术在电子商务安全领域的一项关键应用。通过对实时数据的监控和分析，系统能够及时发现并应对潜在的欺诈行为，提高电子商务平台的交易安全性。

3. 用户行为分析和身份验证

用户行为分析和身份验证是大数据技术在电子商务安全领域的重要应用。首先，大数据技术通过分析用户的历史行为数据，可以建立用户行为模型。这包括用户的登录模式、浏览习惯、购物行为等。通过对正常用户行为的建模，系统能够识别异常行为，如异地登录、不寻常的购物频率等，从而及时发现潜在的欺诈行为。其次，采用多层次的身份验证机制可以进一步确保用户的真实身份。传统的用户名和密码验证方式可能存在安全漏洞，因此，引入短信验证、人脸识别等多因素身份验证方式，提高身份验证的准确性和安全性。这有助于防止冒用他人账户进行欺诈活动。另外，大数据技术还支持实时的用户行为分析和身份验证。通过实时监控用户在平台上的行为，系统可以即时识别潜在的异常行为，并触发相应的身份验证措施。这种实时性的分析和验证能够有效防范欺诈风险。在身份验证方面，大数据技术也可以应用于生物识别技术，如指纹识别、虹膜识别等。这些高级的身份验证方式更加安全可靠，能够有效防止伪造和冒用身份。总体而言，用户行为分析和身份验证是大数据技术在电子商务安全领域的一项关键应用。通过深入分析用户行为和采用多层次的身份验证机制，系统能够提高对用户真实身份的确认，并有效防范欺诈活动。

4. 信任体系建设

信任体系建设是大数据技术在电子商务安全领域的重要应用。首先，大数据技术支持电商平台建立用户评价系统。通过对用户在平台上的购物体验进行评价，系统能够收集大量用户反馈数据。通过分析这些评价数据，平台可以识别出有问题的交易、商品或商家，及时采取措施解决问题，提高用户满意度。其次，商家信用评级是信任体系的重要组成部分。通过大数据分析商家的交易记录、服务质量、售后处理等信息，系统可以为商家建立信用评级体系。高信用评级的商家通常具有较高的商业诚信度，有助于提高整体交易的信任度。另外，大数据技术支持对投诉和纠纷的实时处理。通过分析用户的投诉信息，系统能够及时介入处理，解决潜在的问题，维护平台的信誉。这有助于建立用户对平台的信任感，提高用户对电商交易的信心。在信任体系中，大数据还可以应用于风险评估。通过对用户和商家的历史数据进行深度分析，系统可以识别潜在的高风险用户或商家。这有助于平台及时采取风险防范措施，降低欺诈风险。总体而言，信任体系建设是大数据技术在电子商务安全领域的一项重要应用。通过对用户评价、商家信用评级、投诉处理等信息的深入分析，系统能够建立起完善的信任体系，提高用户对电商平台的信任度和满意度。

综合而言，大数据背景下的电子商务在多个层面得到了深刻的发展。从用户体验到供应链管理再到安全风控,大数据的应用为电子商务带来了更高效、智能、安全的运营模式,推动了整个电商行业的快速发展。

第二节 大数据与电子商务的结合

一、数据驱动的商业决策

数据驱动的商业决策是大数据技术在电子商务中的关键应用之一。通过对客户行为、市场趋势等数据的深入分析,电子商务平台能够制定更明智的商业策略,提高竞争力和灵活性。首先,大数据分析为电子商务平台提供了深入了解客户行为的能力。通过追踪用户在平台上的各种行为,如点击、浏览、购买等,平台可以收集大量关于用户喜好、购物习惯的数据。这些数据是制定个性化商品推荐、精准定价等决策的基础。其次,电子商务平台可以利用大数据分析市场趋势。通过监测市场上的商品需求、竞争对手的策略、消费者的购物趋势等信息,平台可以及时调整自身的战略,制订更具前瞻性和针对性的商业计划。另外,大数据技术支持电商平台在商品定价方面的决策。通过分析市场上的价格水平、竞争对手的定价策略以及用户对价格的反应,平台可以制定更合理、具有竞争力的商品定价,从而提高销售转化率。促销活动也是电子商务中常见的商业决策之一。大数据分析用户对不同促销形式的反应,平台可以更科学地制定促销策略,提高促销活动的效果,吸引更多用户参与。库存管理是电子商务中不可忽视的一环。通过大数据分析销售数据、预测需求等信息,平台可以优化库存管理策略,避免过剩或缺货情况,提高库存周转率,降低资金占用成本。总体而言,数据驱动的商业决策通过大数据分析为电子商务平台提供了更深入、更全面的市场洞察,使得平台能够更灵活、更有竞争力地应对市场变化,提高运营效率和业绩表现。

二、个性化用户体验

个性化用户体验是大数据技术在电子商务中的一项重要应用。通过深入分析用户的历史行为、偏好和购物习惯,电商平台可以提供个性化的产品推荐、定制化的促销活动,从而提高用户满意度和忠诚度。首先,大数据分析用户的历史行为是实现个性化用户体验的基础。通过追踪用户在平台上的点击、浏览、购买等行为，电商平台可以建立用户的行为模型，了解用户的喜好和购物偏好。这为个性化推荐和定制化服务奠定了基础。其次，基于用户行为模型，电商平台可以实现个性化的产品推荐。通过推荐系统，平台能够向用户展示其可能感兴趣的商品，提高用户发现新品和购买的机会。这种个性化推荐不仅增加了用户的购物体验，也有助于提高销售转化率。另外，大数据技术支持电商平台制定个性化的促销活动。通过分析用户对不同促销形式的反应和购物行为，平台可以定制符合用户兴趣和偏好的促销活动，提高促销活动的效果，吸引更多用户参与。个性化用户体验还包括定制化的服务和购物流程。通过了解用户的购物习惯，平台可以优化用户在网站上的浏览和购物流程，提高用户的使用便捷性，让用户感受到更顺畅的购物体验。总体而言，个性化用户体验通过大数据分析用户行为、偏好和购物习惯，为电子商务平台提供了更符合用户需求的产品推荐、促销活动和定制化服务的能力。这不仅提高了用户的满意度和忠诚度，还为平台创造了更有竞争力的用户体验。

三、智能供应链管理

智能供应链管理是大数据技术在电子商务中的一项关键应用。通过实时监控和分析供应链的各个环节，电商平台能够实现更精准的库存管理、需求预测和供应链优化，从而降低运营成本、提高库存周转率，并提升整体供应链效率。首先，大数据技术支持电商平台实现实时库存监测。通过传感器、条码扫描等技术手段，平台能够实时追踪商品的库存情况。这使得平台能够随时了解各类商品的库存水平，避免因库存不足或过多而引发的问题。其次，大数据分析为电商平台提供了需求预测和订单管理的能力。通过分析历史销售数据、市场趋势等信息，平台可以预测不同商品的需求量，并制定合理的订单管理策略。这有助于避免过剩库存或缺货情况，提高库存周转率，降低资金占用成本。另外，大数据技术为电商平台提供了供应链协同和优化的手段。通过整合供应链上下游的数据，平台可以实现对供应链的全面优化，包括生产、物流、仓储等方面。这有助于提高供应链的效率，降低成本，确保产品按时上架和按需供应。实时反馈和持续改进是智能供应链管理的重要组成部分。通过大数据的实时监测和分析，电商平台能够迅速发现供应链中的问题，并及时进行反馈和调整。这种实时反馈机制使得供应链能够持续改进和优化，适应市场变化，提高整体的供应链运营水平。

总体而言，智能供应链管理通过大数据技术的应用，使电子商务平台能够更精准地监控和管理供应链，提高运营效率，降低成本，增强竞争力。

四、精准营销和广告投放

精准营销和广告投放是大数据技术在电子商务中的一项关键应用。通过深入分析用户行为、兴趣和购买历史，电商平台可以定制个性化的广告，提高广告的点击率和转化率。首先，大数据分析用户的历史行为和兴趣是实现精准营销的基础。通过追踪用户在平台上的点击、浏览、购买等行为，平台可以建立用户的行为模型，了解用户的兴趣和购物偏好。这为定制个性化广告提供了有力的支持。其次，基于用户行为模型，电商平台可以实现精准的广告投放。通过推荐系统和算法模型，平台能够根据用户的兴趣、购买历史等信息，定制个性化的广告内容，提高广告的点击率。这种精准的广告投放能够更好地吸引用户的注意，增加广告的曝光和转化率。另外，大数据技术支持电商平台分析广告效果。通过监测用户对不同广告的反应和点击行为，平台可以实时了解广告的效果，包括点击率、转化率等指标。这有助于平台及时调整广告策略，优化广告投放效果。精准营销和广告投放还包括了定向营销和细分市场。通过大数据分析不同用户群体的行为和偏好，平台可以制定定向营销策略，将广告投放到更符合目标用户特征的群体中，提高广告的有效性和投资回报率。总体而言，精准营销和广告投放通过大数据分析用户行为和兴趣，为电子商务平台提供了更精准、有针对性的广告投放策略。这使得广告投放更加有效，降低了广告成本，提高了广告的投资回报率，从而增强了平台的市场竞争力。

五、实时反馈与持续创新

实时反馈与持续创新是大数据技术在电子商务中的一个关键优势。通过实时监测用户行为、销售数据等信息，电商平台能够迅速发现问题并及时做出调整。首先，大数据技术支持电商平台实现实时监测用户行为。通过分析用户在平台上的点击、浏览、购买等行为，平台可以迅速获取用户反馈和市场反应。这种实时监测机制使得平台能够及时发现用户的需求变化、产品偏好等信息。其次，实时反馈机制使得电商平台能够迅速发现和解决问题。通过大数据分析，平台可以检测到例如网站性能问题、支付流程异常等运营方面的问题。及时的反馈和处理有助于提高用户体验，防范潜在的运营风险。另外，大数据分析销售数据和市场趋势为电商平台提供了对产品和服务的持续创新方向。通过了解产品的热销情况、用户反馈，平台可以调整产品线，推出更符合市场需求的新品。这种持续创新能力使得平台能够更好地适应市场变化，保持竞争力。实时反馈与持续创新还包括了对用户体验的不断优化。通过分析用户的反馈和行为数据，平台可以调整网站设计、购物流程等方面，提高用户的使用便捷性和满意度。这种不断优化的过程有助于提高用户黏性和忠诚度。总体而言，实时反馈与持续创新通过大数据技术的应用，使得电子商务平台能够更加灵活、敏捷地应对市场变化，不断优化产品、服务和用户体验，提高竞争力和用户满意度。

第三节　大数据与电子商务的运作

一、数据收集和存储

数据收集和存储是大数据技术在电子商务中的起始步骤。电商平台通过各种渠道收集用户行为数据、交易数据、产品信息等大量数据，并将其存储在可扩展的数据仓库中，以备后续分析和运营决策。首先，数据收集是从多个来源获取各类信息的过程。在电子商务中，这包括用户在平台上的行为数据，如点击、浏览、搜索、购买等行为。同时，交易数据也是重要的收集对象，包括订单信息、支付记录等。此外，产品信息、用户评价等也是电商平台进行数据收集的重要内容。其次，数据存储是将收集到的大量数据存储在合适的数据仓库中。这些数据仓库通常具备高度的可扩展性和灵活性，能够应对不断增长的数据量。常见的数据存储技术包括关系型数据库、NoSQL 数据库等，它们能够满足电商平台对于数据的高效存储和检索需求。另外，电商平台还会采用分布式存储系统，以确保数据的高可用性和容错性。这样的系统能够在面对大规模数据时，提供更快速、可靠的数据存储和检索服务。分布式存储系统的设计有助于应对电商平台高并发、高负载的数据访问需求。数据收集和存储的过程为电商平台奠定了大数据分析的基础。通过对这些存储在数据仓库中的数据进行深入分析，平台能够发现用户行为模式、产品热门度、市场趋势等信息，为后续的运营和决策提供有力的支持。因此，高效的数据收集和存储系统是电子商务平台实现大数据应用的关键一环。

二、数据清洗和预处理

数据清洗和预处理在大数据运作中是至关重要的步骤。电商平台通过这一过程清除不准确、重复或缺失的数据，同时对数据进行标准化和格式化，以确保数据的准确性和一致性。首先，数据清洗是指对数据进行检查和修复，以保证数据质量。在电子商务中，用户行为数据、交易数据等可能受到多种因素的影响，如用户输入错误、系统故障等。通过数据清洗，平台能够发现并纠正这些问题，确保数据的准确性。其次，数据预处理是对数据进行标准化和格式化的过程。在大数据集中，数据可能以不同的格式、单位或标准存在，这会影响后续的分析和应用。通过数据预处理，平台可以将数据转化为统一的格式，以便更好地进行分析和比较。另外，数据清洗和预处理还包括处理缺失数据的问题。在电商平台的数据中，可能存在因用户不完整的操作、系统错误等原因导致的缺失数据。通过采用合适的方法，如插值、删除等，平台可以有效地处理缺失数据，提高数据的完整性和可用性。数据清洗和预处理的过程也包括去重处理，以消除重复的数据记录。这有助于确保分析的结果准确，避免对重复数据的过度计数。总体而言，数据清洗和预处理是为了提高数据质量，确保数据的准确性、一致性和可用性。这为电子商务平台后续的大数据分析和运营决策提供了可靠的基础。清洗和预处理的有效实施有助于确保从大数据中获得准确且有用的信息，提高决策的科学性和可靠性。

三、数据分析和挖掘

数据分析和挖掘是大数据技术在电子商务中的关键环节。通过利用数据分析工具和算法，电商平台对收集到的大量数据进行深入挖掘，发现潜在的用户行为模式、市场趋势、产品关联等信息，为运营决策提供支持。首先，数据分析是通过统计、可视化等手段，对大量数据进行定量和定性的分析。在电子商务中，数据分析可以用于了解用户的行为习惯，分析产品的销售情况，评估广告效果等。这些分析结果能够直观地呈现在图表和报告中，为决策者提供清晰的数据支持。其次，数据挖掘是通过利用算法和模型，从大量数据中挖掘出隐藏的模式和规律。在电商平台中，数据挖掘可以用于发现用户的购物偏好，预测产品的热门度，识别潜在的市场机会等。通过数据挖掘，平台可以更深入地理解数据背后的意义，发现对业务有益的信息。另外，数据分析和挖掘在个性化推荐方面也发挥着关键作用。通过分析用户的历史行为和偏好，平台可以推荐用户可能感兴趣的产品，提高用户体验和销售转化率。个性化推荐是电商平台利用大数据技术为用户提供定制化服务的重要手段。数据分析和挖掘还包括了对竞争对手和市场趋势的监测。通过分析竞争对手的数据和市场动态，电商平台可以及时调整自身策略，抢占市场先机。总体而言，数据分析和挖掘是电商平台利用大数据实现智能决策和优化运营的关键步骤。通过深入挖掘数据潜在的价值，平台能够更好地理解用户和市场，提高决策的科学性和精准性。

四、实时处理和反馈

实时处理和反馈是电商平台在大数据环境中为了迅速响应用户行为和市场变化而采取的关键策略。首先，实时处理是指电商平台对产生的数据进行即时处理和分析的能力。在电子商务中，用户行为数据、交易数据等源源不断地产生，需要实时处理来及时捕捉和理解这些信息。通过实时处理，平台可以在用户行为发生的同时作出反应，提高用户体验和服务效果。其次，实时反馈是指基于实时处理的结果，平台能够迅速向用户提供个性化的推荐、优惠信息等反馈。通过对用户行为的实时分析，平台可以即时调整推荐算法，向用户推荐更符合其兴趣和需求的产品。这种实时反馈机制有助于提高用户满意度和购物转化率。另外，实时处理和反馈在应对市场变化和竞争中也起到关键作用。通过实时分析市场动态和竞争对手的数据，平台可以迅速调整营销策略、优化产品组合，抢占市场先机。这种敏捷性的反应能力使得平台在竞争激烈的市场中更具竞争力。实时处理和反馈还包括对运营活动效果的实时监控。通过实时分析销售数据、广告效果等信息，平台可以及时评估运营活动的效果，调整和优化策略，确保活动的成功实施。总体而言，实时处理和反馈是电商平台在大数据环境中保持敏捷性和灵活性的关键手段。通过及时处理和分析大量数据，平台能够迅速作出决策、调整策略，提高用户体验，应对市场变化，保持竞争力。

五、智能推荐和个性化服务

智能推荐和个性化服务是电商平台在大数据环境中通过对用户数据进行深度分析而实现的关键功能。首先，智能推荐是通过对用户的历史行为、浏览记录、购买记录等数据进行分析，利用推荐算法为用户提供个性化的商品推荐。这种推荐系统能够理解用户的兴趣和需求，预测用户可能喜欢的商品，并将这些商品推荐给用户。通过智能推荐，电商平台能够提高用户发现新产品的机会，增加用户对平台的停留时间，促进销售转化。其次，个性化服务是在用户的整个购物过程中为其提供定制化的服务。通过深入了解用户的购物偏好、喜好和行为，平台可以提供个性化的营销活动、优惠券、促销信息等。这种个性化服务不仅提高了用户体验，还增强了用户对平台的忠诚度。另外，智能推荐和个性化服务还涉及跨渠道的一致性。通过整合线上和线下的用户数据，电商平台可以实现在不同渠道中为用户提供一致的个性化体验。无论用户是在电商平台的网站、移动应用还是实体店购物，都能够享受到相似的个性化服务。智能推荐和个性化服务的实施离不开大数据技术的支持。通过分析海量的用户数据，平台能够更准确地理解用户需求，提高推荐的精准度。这也是电商平台在竞争激烈的市场中取得差异化竞争优势的关键之一。总体而言，智能推荐和个性化服务是电商平台利用大数据技术为用户提供定制化体验的重要手段。通过深入分析用户数据，平台能够更好地满足用户的个性化需求，提高用户满意度和忠诚度。

六、安全风险管理

安全风险管理在电商平台运作中至关重要，而大数据技术为其提供了强大的支持。首先，大数据在欺诈检测方面发挥关键作用。通过分析大量的用户行为数据、交易数据等，电商平台能够建立欺诈检测模型，识别异常的交易模式和行为。这包括不寻常的购买频率、异地登录、异常金额交易等。通过实时监测和大数据分析，平台能够及时发现潜在的欺诈行为，采取相应的风险管理措施。其次，实时监控和反欺诈技术是大数据在电商安全风险管理中的应用之一。系统能够实时监测交易过程中的各种变化，包括支付方式的改变、交易金额的异常等。通过实时监控，平台可以迅速发现潜在的欺诈行为，并采取相应的安全措施，如停止交易、通知用户等。另外，用户行为分析和身份验证也是大数据在安全风险管理中的重要方面。通过大数据分析用户的历史行为数据，系统能够建立用户行为模型，识别正常和异常的行为模式。采用多层次的身份验证机制，如短信验证、人脸识别等，进一步确保用户的真实身份。这有助于防止冒用他人账户进行欺诈活动。最后，信任体系建设也离不开大数据的支持。通过大数据的应用，电商平台能够建立起完善的信任体系，包括用户评价、商家信用评级、投诉处理等。通过对这些信息的分析，系统能够识别高风险的用户或商家，提高整体交易的信任度。总体而言，大数据在电商安全风险管理中发挥着关键作用。通过实时监测、欺诈检测、用户行为分析等手段，电商平台能够更有效地应对潜在的安全风险，确保交易的安全性和可信度。

七、持续优化与学习

持续优化与学习是电商平台在大数据环境中保持竞争力和适应市场变化的关键方面。首先，大数据技术为电商平台提供了不断收集和分析数据的能力。通过持续收集用户行为数据、销售数据、市场数据等，平台能够积累更多的信息用于分析和学习。这种数据的积累为平台提供了更全面、深入的洞察，有助于更准确地理解用户需求、市场趋势和竞争态势。其次，通过数据分析，平台能够不断优化运营策略。了解用户行为模式、购物习惯等信息，平台可以调整推荐算法、促销活动，提高销售转化率。持续优化运营策略使得平台能够更好地满足用户需求，提高用户满意度。另外，大数据还支持平台进行实时的反馈和调整。通过实时监测销售数据、用户行为等信息，平台能够快速发现问题并及时调整策略。这种敏捷性的反馈机制使得平台能够持续改进，适应市场变化，保持竞争力。学习是持续优化的关键。通过不断学习用户的反馈、市场的变化，电商平台可以更好地理解用户需求的变化和趋势。这种学习过程有助于平台及时调整产品组合、服务模式，提高用户体验。总体而言，持续优化与学习是电商平台在大数据环境中保持竞争力和适应市场变化的不可或缺的环节。通过数据分析和学习，平台能够更好地了解用户、优化运营，并在竞争激烈的市场中不断提升自身水平。

第六章 大数据时代供应链整合营销

第一节 大数据与大数据营销

一、数据营销

在大数据与大数据营销的结合中,首先是数据的采集与整合。通过从多个渠道和来源收集大量数据,包括用户行为、社交媒体活动和市场调研等,系统将这些数据进行整合和清洗,构建一个全面且准确的数据基础。这为后续的个性化推荐和定制化营销提供了坚实的基础。

(一)多渠道数据收集

多渠道数据收集是数据营销中至关重要的一步,确保了数据的多样性和全面性,为后续的分析和应用提供了充足的信息来源。首先,用户行为是其中一个主要的数据来源。通过电商平台、网站、移动应用等渠道,系统能够追踪和记录用户的各种行为,包括浏览商品、点击链接、加入购物车、完成交易等。这些用户行为数据反映了用户的偏好、购物习惯和兴趣,为精准营销提供了基础。其次,社交媒体活动也是重要的数据收集渠道。社交媒体平台是用户互动和信息分享的重要场所,通过监测用户在社交媒体上的活动,系统可以获取用户的社交网络、意见领袖关系,了解用户的口碑传播和社交影响力。这有助于在社交媒体上进行精准广告投放和社交营销。市场调研是另一个关键的多渠道数据收集方式。通过调查、问卷调查、竞品分析等手段,系统能够获取市场的实时动态、竞争态势和用户反馈。这些市场调研数据为制定营销策略和优化产品提供了重要参考。此外,还可以通过其他渠道如客户服务反馈、线下活动参与等方式收集数据。客户服务反馈可以了解用户的满意度和抱怨点，为改进服务提供方向。线下活动参与数据则反映了用户在实体店、活动中的参与程度和反馈。多渠道数据收集的目标是建立一个全面的用户画像，深入了解用户的需求、喜好、行为，为后续的精准营销和个性化服务提供基础。然而，同时需要注意合规性和隐私保护，确保数据的收集和使用符合法规和用户的期望。

（二）数据整合与清洗

数据整合与清洗是确保数据质量的关键步骤，通过这一过程，系统能够消除数据中的杂乱和不一致的信息，构建一个准确而可信的数据基础。首先，数据整合涉及将来自不同渠道和来源的数据进行统一，以建立一个全面的、一致的数据集。由于数据往往分散在不同系统、平台和格式中，整合这些数据有助于建立更全面的用户画像，综合各方面信息。其次，数据清洗是为了消除数据中的噪声点、冗余和错误。这包括清除重复记录、填充缺失值、修正错误的数据，确保数据的一致性和准确性。数据清洗也包括处理异常值，避免这些异常值对后续分析和应用产生负面影响。数据整合与清洗的过程还包括对数据进行标准化和格式化，确保数据的一致性和规范性。这有助于提高数据的可比性和可用性，使得数据更易于被分析和应用。整合和清洗后的数据集为后续的数据分析和挖掘提供了可靠的基础。在数据整合和清洗的过程中，系统也可以识别出潜在的数据质量问题，从而采取相应的措施加以改进。这使得数据质量得以保障，确保分析结果和后续应用的可靠性。总体而言，数据整合与清洗是数据营销过程中的关键步骤，为建立准确而可信的数据奠定了基础。通过这一过程，系统能够确保数据的一致性、准确性和完整性，从而提高数据的质量和可用性。

二、用户画像营销

基于收集到的数据，大数据营销通过深度分析用户行为模式、兴趣爱好、购买历史等信息，建立用户画像。这层是大数据与大数据营销的核心环节，为后续的个性化推荐和用户精准定制提供基础，实现更有针对性的营销。

（一）深度用户行为分析

深度用户行为分析是用户画像营销的核心，通过大数据分析，系统能够揭示用户的行为模式，包括浏览、点击、购买等方面的活动。首先，浏览行为分析是深度用户行为分析的一部分。通过追踪用户在电商平台、网站或移动应用上的浏览行为，系统可以了解用户对不同商品或页面的兴趣。这有助于识别用户的偏好和关注点，为个性化推荐和定制化营销提供基础。其次，点击行为分析是对用户交互的深入研究。系统可以分析用户点击的链接、广告以及产品详细页面，从而了解用户在平台上的具体兴趣点和关注领域。这种深度分析有助于提高广告的精准度和用户的点击率。购买行为分析是用户行为分析的关键环节。通过追踪用户的购买历史、购物车行为和支付方式，系统能够了解用户的购物习惯、消费水平和偏好品类。这对于精准营销、促销活动的定制以及库存管理都具有重要意义。其他用户行为，如搜索行为、评论行为等也是深度用户行为分析的重要内容。系统可以分析用户的搜索关键词，了解其实际需求和购物意图。同时，用户的评论和评分行为可以提供用户对产品和服务的实际反馈，有助于改进产品和提升服务质量。深度用户行为分析为建立细致的用户画像提供了基础。通过了解用户在平台上的各种行为，系统可以更全面地把握用户的兴趣、需求和行为模式，从而为个性化推荐、定向广告和精准营销提供有力支持。这种深度的用户行为分析是数据驱动营销的关键环节。

（二）兴趣爱好挖掘

兴趣爱好挖掘是用户画像建立的重要环节，通过深入挖掘用户在社交媒体、网站浏览等平台上的兴趣爱好，系统能够更全面地了解用户的个性特征。首先，社交媒体分析是兴趣爱好挖掘的关键渠道。用户在社交媒体上的点赞、评论、分享行为可以揭示出其对特定话题、活动、品牌的兴趣。系统可以通过分析用户在社交媒体上的互动，推断出用户可能感兴趣的领域，为个性化推荐提供依据。其次，网站浏览行为也是兴趣爱好挖掘的重要来源。通过分析用户在网站上浏览的内容、点击的链接，系统可以了解用户对特定领域、主题的关注程度。这有助于建立用户在网站上的兴趣标签，为后续的内容推荐和广告投放提供精准依据。最后，搜索关键词分析也是兴趣爱好挖掘的一部分。通过分析用户在搜索引擎中输入的关键词，系统可以了解用户的实际需求和关注点。这有助于推测用户的兴趣领域，为精准搜索和广告投放提供支持。此外，用户参与的在线社群、论坛的活动也是兴趣爱好挖掘的重要数据源。系统可以分析用户在社群中的发言、参与讨论的主题，以更全面地了解用户的兴趣爱好，为社交化营销和社区建设提供基础。兴趣爱好挖掘的目标是建立用户更为细致和全面的个性化画像，深入了解用户的兴趣、爱好、喜好。通过这一环节的分析，系统能够为个性化推荐、定向广告和社交化营销提供更为精准的数据支持，增强用户体验和互动效果。

（三）购买历史分析

购买历史分析是构建用户画像不可或缺的一部分，通过分析用户的购买记录，系统能够深入了解其消费习惯、偏好品类等信息。首先，消费习惯分析是购买历史分析的核心内容之一。系统通过追踪用户的购买频率、购物车中的商品组合，以及购买的时间节点，可以揭示用户的消费规律和习惯。这有助于预测用户未来的购物行为，为促销活动的制定和个性化推荐提供依据。其次，偏好品类分析是购买历史分析的关键环节。系统可以分析用户购买的商品所属的品类，识别用户对特定品类的偏好。通过了解用户喜欢购买的商品类型，系统能够推测出用户的兴趣领域，为个性化推荐和定向广告提供有力支持。最后，购买频率和金额分析也是购买历史分析的重要方面。系统可以分析用户的购物频率，了解其是偏向于频繁小额购物还是偶尔大额购物。这有助于制定不同层次的促销策略，提高用户的满意度和忠诚度。另外，跨品类购买行为的分析也是购买历史分析的一部分。系统可以识别用户是否有跨品类购买的倾向，了解其在不同领域的兴趣广泛程度。这有助于拓宽产品推荐的广度，提高用户的购物多样性。购买历史分析为个性化推荐和定制化营销提供了直接的参考依据。通过深入了解用户的消费行为，系统能够更准确地预测用户的需求，为促销和推荐活动的制定提供有效支持，提高用户的购物体验和满意度。

（四）建立综合用户画像

建立综合用户画像是通过深度行为分析、兴趣爱好挖掘和购买历史分析等多方面信息的综合构建，使得系统对用户有更为全面深入的了解。首先，深度行为分析提供了用户在平台上的活跃行为、浏览习惯、互动方式等信息。通过这一层分析，系统能够了解用户的基本行为模式，包括在平台上花费的时间、访问频率等，为用户的活跃度和参与度提供参考。其次，兴趣爱好挖掘为系统提供了用户在社交媒体、网站浏览等平台上的兴趣爱好、喜好标签。通过这一环节的分析，系统能够更全面地了解用户的个性特征，包括对特定话题的关注度、喜好的领域等。最后，购买历史分析揭示了用户的消费习惯、偏好品类、购物频率等信息。通过这一环节的分析，系统能够洞察用户的购物喜好、消费水平，为个性化推荐和定向广告提供依据。综合用户画像的建立旨在通过整合多方面的信息，深入了解用户的行为、兴趣和购物习惯，为系统提供更为准确和全面的用户画像。这一综合性的画像不仅为个性化推荐提供了更强有力的支持，也为用户体验的优化、精准定制服务的提供等方面奠定了坚实的基础。通过综合用户画像，系统能够更好地满足用户需求，提高用户忠诚度和满意度。

三、个性化推荐与定制化营销

通过建立用户画像，大数据营销可以实现个性化推荐与定制化营销。借助算法模型，系统能够预测用户可能感兴趣的产品或服务，并向其推荐相关内容。这种个性化的推荐和定制化的营销不仅提高了用户的参与度，也推动了互动效果，是大数据与大数据营销协同发展的关键层面。

（一）算法模型构建

算法模型构建是个性化推荐与定制化营销的关键环节。通过先进的算法，系统能够分析用户画像和历史行为数据，构建能够准确预测用户兴趣的模型。首先，用户画像是算法模型构建的基础。系统通过深度行为分析、兴趣爱好挖掘和购买历史分析等手段，综合构建用户的全方位画像。这一综合性的用户画像为算法模型提供了多样化的特征，使得模型能够更全面地了解用户的个性和偏好。其次，历史行为数据是算法模型构建的重要数据源。系统通过分析用户在平台上的历史行为，包括浏览、点击、购买等记录，构建用户行为模式。这一层分析为算法提供了用户的活跃度、关注点等关键信息，有助于预测用户未来的兴趣。最后，推荐算法的选择和优化是算法模型构建的核心。系统可以采用协同过滤、内容推荐、深度学习等多种算法，根据不同的场景和用户群体选择最合适的模型。通过不断优化算法，系统能够提高推荐的准确性和个性化程度。另外，实时性和反馈机制也是算法模型构建的考虑因素。系统需要能够实时处理大量的用户行为数据，以确保推荐的及时性。同时，建立用户反馈机制，通过用户反馈数据不断优化算法模型，提高系统的智能性和用户满意度。综合而言，算法模型构建是个性化推荐与定制化营销的关键步骤。通过深度的用户画像和历史行为数据分析，系统能够构建智能、准确的推荐模型，为用户提供更有针对性和个性化的推荐服务。

(二) 预测用户兴趣

预测用户兴趣是通过建立算法模型后的重要环节。首先，算法模型通过分析用户画像和历史行为数据，学习用户的行为模式和兴趣特征。系统利用各种算法，如协同过滤、内容推荐、机器学习等，对大量的用户数据进行计算和分析，以建立能够预测用户兴趣的模型。其次，用户画像中的多维信息为模型提供了丰富的特征。系统通过深度行为分析、兴趣爱好挖掘和购买历史分析，构建了包括用户喜好、偏好品类、关注点等多方面信息的用户画像。这一综合性的画像为算法模型提供了更全面的用户特征，有助于提高预测的准确性。最后，预测用户兴趣的结果可以通过推荐系统呈现给用户。系统根据模型的预测结果，推荐符合用户兴趣的产品或服务。这可以体现在个性化的产品推荐、定制化的促销活动等方面，使得用户感受到更符合其需求的购物体验。另外，实时性也是预测用户兴趣的考虑因素。系统需要能够实时处理用户最新的行为数据，以及时更新用户画像和预测结果，确保推荐的及时性和准确性。综合而言，通过建立算法模型，系统能够深度预测用户的兴趣，为个性化推荐提供基础。通过这一层的预测，系统能够更好地满足用户需求，提高用户满意度和购物转化率。

(三) 推荐相关内容

推荐相关内容是基于用户兴趣的预测结果的实际执行阶段。通过预测用户兴趣，系统得到了用户可能感兴趣的产品、服务或信息。这是通过建立算法模型并分析用户画像和历史行为数据得出的结果。推荐系统根据预测结果，向用户展示相关的内容。这可以体现在个性化的产品推荐、定制化的促销活动、专属的服务等方面。系统利用预测的用户兴趣，精准地匹配用户的需求，提高了推荐的个性化程度。最后，推荐的内容可以呈现在用户的页面上，如首页推荐、个性化推荐栏目等。通过这种方式，系统引导用户浏览和参与，增加用户在平台上的停留时间，提高用户的参与度和满意度。另外，推荐系统也可以通过多种形式呈现推荐内容，包括推送通知、电子邮件、短信等。通过及时、个性化的推荐信息，系统能够引导用户进行购物、阅读或其他相关活动，提高用户的互动效果。综合而言，推荐相关内容是基于用户兴趣的预测结果的实际执行阶段，通过个性化推荐系统向用户提供相关内容，提高用户的参与度和满意度，提升了用户与平台的互动效果。

（四）定制化营销策略

定制化营销策略是基于用户画像和兴趣预测的结果，调整整体营销活动的策略，以更好地满足用户需求。首先，通过用户画像和兴趣预测，系统能够了解用户的喜好、购物偏好、关注点等多方面信息。这些信息为系统提供了制定定制化营销策略的依据。其次，系统可以根据用户的兴趣，调整广告投放策略。通过向用户展示更符合其兴趣的广告内容，提高广告的点击率和转化率。这种个性化的广告投放不仅提高了广告效果，还提升了用户体验。最后，促销活动也可以根据用户画像进行定制。系统可以针对不同用户群体推出不同的促销方案，以更好地满足用户的购物需求。例如，对于喜好某一类产品的用户，可以提供相应的优惠和奖励。另外，定制化营销策略也可以体现在个性化的服务上，如定制化的会员权益、专属服务等。通过提供与用户兴趣相关的独特服务，系统增强了用户对品牌的忠诚度和满意度。综合而言，定制化营销策略是通过深度了解用户画像和兴趣，调整广告投放、促销活动等方面的策略，为用户提供更符合其需求的服务，提升用户体验和忠诚度。

四、实时营销

大数据与大数据营销的结合强调实时性，通过实时监测用户行为和营销效果，系统能够迅速获得反馈。这使得平台可以根据实时数据调整营销策略，优化广告内容、调整定价策略等，以适应市场变化和用户需求的动态变化。这一层保证了系统的敏捷性和时效性。

（一）实时数据监测

实时数据监测是实现实时营销的基础，通过大数据技术系统能够即时收集和分析关键数据，包括用户行为、市场趋势和营销效果等信息。首先，系统通过各种渠道实时收集用户行为数据，包括浏览、点击、购买等信息。这些数据被即时传输到数据仓库中，为后续的分析提供了实时的数据基础。其次，系统对市场趋势进行实时监测。通过分析市场的变化，系统能够迅速调整营销策略，把握市场机会，应对潜在风险。这种实时的市场监测使得系统能够更灵活地应对竞争和需求变化。最后，对营销效果的实时监测是实现实时营销的重要组成部分。系统通过分析广告点击率、转化率、用户参与度等指标，即时评估营销活动的效果，从而及时调整策略，提高活动的效益。另外，实时数据监测还能够在用户互动过程中提供即时反馈。通过实时了解用户行为和反馈，系统可以调整个性化推荐、广告投放等策略，实现更精准的用户体验。综合而言，实时数据监测是实现实时营销的关键步骤，通过即时收集、分析和反馈关键数据，系统能够更灵活地应对市场变化，提高营销效果。

（二）实时用户行为分析

实时用户行为分析是实现实时营销的关键组成部分，通过监测用户的实时行为，系统能够迅速识别用户的兴趣和需求变化。首先，系统通过各种渠道实时监测用户的浏览行为。即时收集用户在平台上的浏览信息，包括访问的页面、停留时间等，以了解用户的兴趣点和关注领域。其次，实时点击行为的监测也是重要的一环。系统即时捕捉用户的点击行为，分析用户对不同内容的兴趣程度，从而调整个性化推荐的内容，提高用户参与度。最后，购买行为的实时分析是实现实时营销不可或缺的一部分。通过即时了解用户的购买行为，系统可以快速调整广告投放、促销活动等策略，实现对用户的更精准定制。此外，实时用户行为分析还包括用户互动和参与的实时监测。系统通过观察用户在社交媒体、论坛等平台上的实时互动，能更好地把握用户的态度和反馈，及时调整营销策略。综合而言，实时用户行为分析是实现实时营销的重要环节，通过即时监测和分析用户的各种行为，系统能够更快速地理解用户需求，提高个性化推荐的准确性，增强用户体验。

（三）实时策略调整

实时策略调整是实现实时营销的关键环节，通过及时响应市场变化和用户需求的动态变化，系统能够灵活调整营销策略，提高营销效果。首先，基于实时数据监测和用户行为分析，系统能够快速了解市场趋势和用户喜好的变化。这使得系统可以及时调整广告内容，确保广告与用户兴趣相符，提高点击率和转化率。其次，实时策略调整包括对定价策略的即时调整。系统通过分析实时的市场价格和用户对不同价格的反应，可以及时作出调整，制定更具竞争力的定价策略，满足用户的价格敏感度。最后，对促销活动的实时调整也是实现灵活营销的一部分。系统能够根据用户的实时反馈和参与情况，即时修改促销活动的方案，确保活动能够吸引用户，提高销售额。此外，实时策略调整还包括对推荐算法的动态调整。通过实时监测用户行为，系统能够不断优化个性化推荐算法，确保推荐内容更符合用户的实际需求，提高用户满意度。综合而言，实时策略调整是实现实时营销敏捷性和灵活性的关键环节，通过及时调整广告、定价、促销等策略，系统能够更好地适应市场变化和用户需求的动态变化，提高整体营销效果。

（四）即时反馈与交互

即时反馈与交互是实现实时营销的关键环节，通过及时与用户互动并获取反馈，系统能够更好地满足用户需求，提高用户体验。首先，实时反馈与交互包括及时回应用户的反馈和提问。系统通过实时监测用户行为和收集用户反馈，能够立即回应用户的疑问、投诉或建议，提高用户对系统的满意度。其次，即时反馈与交互也涉及与用户的实时沟通。系统可以通过即时消息、弹窗等方式与用户进行互动，向其推送个性化的信息，引导用户参与促销活动或提供定制化服务，增强用户参与感。最后，通过实时反馈与交互，系统能够更好地了解用户的喜好和反应。例如，用户对某一促销活动的参与情况、点击广告的兴趣等信息，系统可以即时获取并根据这些信息调整后续的营销策略，提高精准度和有效性。此外，即时反馈与交互也包括用户对推荐内容的即时反馈。系统通过监测用户对推荐产品的点击、购买等行为，能够立即了解用户的反应，进而优化推荐算法，提高个性化推荐的准确性。综合而言，即时反馈与交互是实现实时营销的关键步骤，通过及时回应用户需求、实时沟通和获取用户反馈，系统能够提高用户满意度，增强用户参与感，推动整体营销效果的提升。

五、绩效营销

大数据与大数据营销的最后一步是绩效评估与持续优化。通过分析营销活动的绩效指标，如点击率、转化率等，系统可以评估营销效果，了解哪些策略取得了成功，哪些需要调整。这种持续优化的循环有助于提高营销效果，使得整个大数据营销过程更为有效和精密。这一层保证了系统的可持续性和不断提升的能力。

（一）绩效指标设定

设定绩效指标是绩效营销的首要步骤，确保对营销活动的成功与否有清晰的评估标准。首先，绩效指标的设定应该与营销活动的具体目标相契合。不同的营销活动可能有不同的目标，如提高品牌知名度、增加销售转化率、提升用户参与度等。因此，绩效指标应该针对具体目标制定，以确保评估的准确性和实效性。其次，绩效指标的设定需要考虑到整体营销策略的一致性。绩效指标应该与整体战略目标相一致，确保各个部分的绩效评估相互关联，形成完整的评估体系。最后，绩效指标的设定要具有可衡量性和可追踪性。即要确保指标能够被明确地度量和追踪，避免主观性较强或难以量化的指标。这有助于在营销活动进行中及时评估绩效，并进行必要的调整。此外，绩效指标的设定也需要考虑到不同渠道和媒体的特点。不同的营销渠道和媒体可能适用于不同的绩效指标，因此需要根据具体情况灵活设定，以最大限度地反映不同渠道对整体营销目标的贡献。综合而言，绩效指标的设定是绩效营销的基础，通过明确目标、保持一致性、可衡量性和可追踪性，系统能够更准确地评估营销活动的成效，为后续的分析和优化提供了有力支持。

（二）绩效数据分析

绩效数据分析是确保绩效营销有效性的核心环节。首先，绩效数据分析涉及对各个绩效指标的实际数据进行收集和整理。这涉及从不同渠道和媒体获取的数据，包括点击数据、转化数据、用户参与数据等。通过整合这些数据，系统能够形成一个全面的绩效数据集。其次，绩效数据分析需要对数据进行深入挖掘，以了解不同指标之间的关联性和影响因素。通过统计分析、趋势分析等手段，系统可以识别出哪些因素对绩效指标的影响较大，从而为后续的优化提供线索。最后，绩效数据分析要注重对数据的可视化呈现。通过图表、报表等形式直观地展示数据，有助于决策者更容易理解和分析数据的含义，从而作出相应的决策。此外，绩效数据分析也要考虑到时间维度的因素。对于不同时间段的绩效数据进行对比分析，有助于发现营销活动的季节性或周期性变化，为及时调整策略提供依据。综合而言，绩效数据分析是确保绩效营销有效性的关键步骤。通过深入挖掘、可视化呈现和考虑时间因素，系统能够更全面地理解绩效数据，为制定优化策略提供了有力的支持。

（三）成功策略总结

成功策略总结是在绩效数据分析的基础上，系统对取得成功的营销策略进行归纳和总结的关键环节。首先，成功策略总结涉及对各个营销活动的绩效数据进行比较和评估。系统需要识别哪些策略在实际执行中取得了较好的效果，表现出较高的点击率、转化率或其他关键指标。这可以通过对各项绩效指标进行排名和对比分析来实现。其次，成功策略总结要考虑不同渠道和平台上的差异。某一策略在某个平台上取得成功并不一定在其他平台上同样有效。因此，系统需要针对不同渠道和平台分别进行成功策略的总结，以制定更有针对性的策略。最后，成功策略总结需要对成功背后的原因进行深入剖析。这可能涉及用户的兴趣变化、市场趋势、竞争对手的动态等因素。通过深入挖掘成功背后的原因，系统可以更好地理解成功的本质，为未来的策略调整提供有益的信息。此外，成功策略总结也要关注用户反馈和参与度。通过分析用户的反馈意见、评论和互动情况，系统可以了解用户对成功策略的实际感受和需求，从而更好地满足用户期望。综合而言，成功策略总结是在绩效数据分析的基础上，通过比较、评估和深入剖析，系统能够从成功经验中总结出通用的规律和教训，为未来的营销活动提供经验借鉴。

（四）调整与优化策略

调整与优化策略是绩效营销的关键环节，它确保系统能够根据绩效数据的分析结果灵活地作出相应调整，以提高整体营销效果。首先，系统需要根据绩效数据的分析结果，确定哪些方面的营销策略需要进行调整和优化。这可能涉及广告内容、定价策略、促销活动等多个方面。通过对不同方面的绩效指标进行综合分析，系统能够识别出存在改进空间的策略。其次，系统在调整与优化策略时要注意综合考虑不同渠道和平台的特点。某一策略在某个平台上可能表现出色，但在其他平台上效果一般。因此，系统需要根据不同渠道和平台的实际情况，有针对性地进行调整，以确保策略在各个环节都能够发挥最佳效果。最后，调整与优化策略也需要及时响应市场变化和用户需求的动态变化。通过监测市场趋势、用户行为变化等信息，系统能够在第一时间发现变化，迅速做出相应调整，保持敏捷性和灵活性。此外，调整与优化策略还需要考虑长期和短期的平衡。一方面，系统需要关注短期内的绩效提升，确保当前的营销活动能够取得更好的效果；另一方面，系统也要思考长期的可持续性，避免过于依赖短期策略而忽视了长期的战略规划。综合而言，调整与优化策略是绩效营销的关键一环，通过不断调整和优化，系统能够适应市场变化、提高整体营销效果，实现持续的业绩提升。

第二节　大数据与供应链整合营销

一、供应链整合营销

大数据与供应链整合营销的第一步是供应链数据的采集与整合。通过从各个环节收集大量供应链数据，包括生产、物流、库存等信息，系统将这些数据进行整合和清洗，构建一个全面且准确的供应链数据基础。

（一）供应链数据采集

供应链整合营销的第一步是进行供应链数据的采集。这个过程是确保整个系统能够获取全面供应链信息的基础。数据的来源涵盖了整个供应链的各个环节，从生产到物流再到仓储，系统收集大量数据以确保信息的全面性。在生产过程中，系统会记录产量数据，这包括每个环节的生产情况、产出数量以及可能的生产问题。这一方面帮助管理者了解生产效率，另一方面也有助于追溯和解决潜在的问题。物流中的运输信息也被纳入数据采集的范围。这包括产品从生产地点到销售点的运输路径、运输时间、运费等信息。通过跟踪物流数据，系统可以优化运输方案，提高物流效率，并降低运输成本。仓储环节的数据采集主要关注库存信息。系统会记录不同产品的库存量、存储位置以及库存周转情况。这有助于避免库存积压或短缺，提高仓储效率，确保产品按时到达销售点。这一层的数据采集确保了系统拥有充足的数据基础，为后续的整合和分析提供了可靠的支持。通过综合分析这些数据，供应链整合营销系统能够更好地优化整个供应链流程，提高效益，满足市场需求。

（二）供应链数据整合与清洗

采集到的供应链数据通常呈现出各种不同的格式和质量水平。为了确保系统能够准确地分析和应用这些数据，第二步是进行数据的整合与清洗。这个过程旨在消除数据中的冗余和错误，构建一个高质量、可信赖的供应链数据基础。在数据整合的过程中，系统会将相互关联的数据进行合并，建立数据之间的关系。例如，将生产环节的产量数据与物流中的运输信息进行关联，以便全面了解产品的流动过程。这种整合能够帮助系统建立更全面、一致的供应链数据视图，为后续的分析提供更有力的支持。数据清洗的过程则主要关注于去除数据中的错误和冗余信息。这可能涉及识别并修复错误的数据记录，删除重复的信息，确保数据的一致性和准确性。通过数据清洗，系统能够建立一个更为可靠的数据基础，避免在后续的应用中出现误导性的分析结果。整合与清洗这一步骤的目的在于确保系统使用的是高质量的供应链数据，从而提高整体的决策准确性。只有在数据质量有保障的情况下，后续的分析和决策才能更可靠地基于这些数据进行，为供应链整合营销的成功提供坚实的基础。

二、实时供应链监测营销

实时供应链监测是大数据与供应链整合营销的关键环节。通过大数据技术，系统能够实时监测供应链各个环节的数据，包括生产进度、物流情况、库存水平等。这确保了系统能够即时获取关键的供应链信息，为及时决策提供支持。

（一）实时供应链监测营销

实时供应链监测是供应链整合营销中的一个关键环节，其中生产进度的实时监测尤为重要。通过大数据技术，系统能够实时获取生产线上的各种数据，包括但不限于产量、生产效率等关键信息。这一层的功能确保了系统能够对生产进度有即时、全面的了解，为迅速作出调整提供了强有力的数据支持。实时监测生产进度有助于迅速发现潜在问题并及时作出反应。例如，如果某个生产环节出现异常，系统能够立刻捕捉到这一信息，并通知相关人员进行处理。这有助于避免生产延误，保障产品的按时交付。同时，实时监测也为优化生产过程提供了有力的工具。通过实时分析生产效率数据，系统可以识别出潜在的改进点，帮助管理者制定更有效的生产策略，提高整体的生产效益。总体而言，实时供应链监测在提高生产灵活性、降低生产风险方面发挥着重要的作用。通过及时获取并分析生产数据，系统可以更加灵活地应对市场变化，确保供应链的顺畅运作，为整个供应链整合营销提供了可靠的基础。

（二）物流实时监测营销

物流作为供应链中至关重要的环节，在实时供应链监测中占据着重要位置，其中物流的实时追踪尤为关键。通过大数据技术，系统能够实时监测物流的各种信息，包括但不限于实时位置、运输速度等。这确保了系统能够随时了解产品在物流过程中的状态，为及时调整提供了可靠的数据基础。实时监测物流有助于提高供应链的可视性和透明度。管理者可以通过系统实时查看货物的位置，了解物流的运输状况，确保产品按照计划顺利运送。这对于避免物流延误、提高交付准时性非常关键。同时，物流实时监测也有助于应对突发情况。如果在物流过程中发生问题，比如交通拥堵或运输工具故障，系统能够迅速捕捉到这些信息，使管理者能够及时采取措施，减少潜在的影响。总体而言，物流的实时监测在提高供应链的效率、降低运输风险方面发挥着不可替代的作用。通过及时获取并分析物流数据，系统可以更好地应对不确定性，确保产品迅速、安全地到达目的地，为整个供应链整合营销提供了稳健的支持。

（三）库存实时监测营销

通过大数据技术，系统能够实时获取仓储中的各种库存数据，包括但不限于产品数量、存放位置等关键信息。这一层的功能确保了系统能够即时了解库存水平，为及时调整生产计划和物流安排提供了强有力的支持。实时监测库存对于避免库存积压或短缺非常关键。系统可以追踪不同产品的库存量，预警管理者在需要时进行调整。这有助于确保生产和物流的顺畅进行，同时避免了过多的库存成本或因库存不足而失去销售机会。此外，库存实时监测也有助于优化供应链的运作。通过分析库存周转率等数据，系统可以识别出哪些产品需要加强推广，哪些产品可能需要减产，帮助管理者制定更有效的库存管理策略。综合而言，库存的实时监测在提高供应链的敏捷性、降低库存风险方面发挥着关键作用。通过及时获取并分析库存数据，系统可以更灵活地应对市场需求的波动，为整个供应链整合营销提供了实时而可靠的数据支持。

（四）订单处理实时监测营销

通过大数据技术，系统能够实时追踪订单的处理状态，包括订单的接收、处理进度等关键信息。这一层的功能确保了系统能够随时了解订单的处理情况，为及时解决潜在问题提供了强有力的支持。实时监测订单处理状态有助于提高客户满意度。通过系统及时获取订单进展情况，可以及时向客户提供准确的交付信息，增强客户对服务的信任感。同时，也有助于及时发现订单处理中可能存在的问题，避免因处理延误而导致的客户投诉。此外，订单处理实时监测还为优化整个订单流程提供了便利。通过分析订单处理的数据，系统可以识别出可能的瓶颈，制定更有效的订单处理策略，提高订单处理的效率和准确性。总的来说，订单处理的实时监测在提高客户体验、优化订单流程方面发挥着关键的作用。通过及时获取并分析订单数据，系统可以更好地管理订单处理过程，为整个供应链整合营销提供了关键的实时数据支持。还有其他方面想要深入了解吗？

三、需求预测与库存优化营销

基于实时监测的供应链数据，系统可以进行需求预测与库存优化。通过分析销售数据、市场趋势等信息，系统能够精确预测产品需求，实现库存的精准管理，减少过剩和缺货，提高供应链的效率。

（一）销售数据分析

销售数据分析确实是供应链管理中的关键步骤。通过大数据技术，系统能够深入分析历史销售数据，洞察产品销售的趋势、季节性变化等重要信息。这一层确保了系统能够从销售数据中提炼出有价值的信息，为需求预测和库存优化提供了坚实的基础。详细的销售数据分析有助于理解产品的市场表现。系统可以识别出热销产品和滞销产品，了解哪些因素影响了销售业绩。这种洞察力有助于调整库存和生产计划，确保产品按照市场需求供应。季节性变化的分析也是销售数据分析的一项重要任务。了解产品在不同季节或时间段的销售情况，有助于调整库存水平和推出有针对性的营销活动。这种精准的销售预测有助于避免库存积压或短缺，提高供应链的灵活性。总体而言，销售数据分析为供应链管理提供了洞察产品在市场上的表现，并为决策提供了基础。通过深入了解销售数据，系统可以更好地应对市场的变化，为整个供应链整合营销提供了有力的支持。

（二）市场趋势分析

市场趋势分析是需求预测与库存优化中至关重要的一环。通过大数据分析，系统能够全面了解市场的整体趋势，包括新产品的受欢迎程度、消费者偏好的变化等。了解市场趋势有助于及时调整供应链策略。如果某一类产品的市场需求正在上升，系统可以迅速调整生产计划和库存水平以满足潜在的增长需求。反之，如果某一产品的市场份额下降，系统可以及时作出减产或调整营销策略的决策，避免库存积压。分析新产品的热度也是市场趋势分析的关键部分。了解新产品在市场上的表现，系统可以更灵活地调整生产和推广策略，确保及时满足消费者的新需求。总体而言，市场趋势分析为供应链管理提供了对外部环境变化的敏感性。通过全面了解市场趋势，系统可以更好地预测需求变化，优化库存管理，为整个供应链整合营销提供了更为全面和前瞻性的支持。

（三）需求模型构建

需求模型构建是在销售数据和市场趋势分析的基础上的关键步骤。通过算法和数学模型，系统可以结合多种因素，包括销售历史、市场趋势、促销活动等，预测未来产品需求的可能情境。这一层确保了系统能够根据多方面信息进行综合判断，提高了需求预测的精准性。需求模型的构建有助于更准确地预测未来的销售量。通过考虑多种因素的影响，系统可以更全面地理解市场需求的动态变化，从而更精细地调整生产计划和库存水平。同时，需求模型的构建也为应对不同情景提供了依据。系统可以通过模型的分析，预测在不同市场条件下的需求变化，从而制定相应的策略，提高对市场的适应性。总体而言，需求模型的构建为供应链整合营销提供了一种更科学、更系统的方式来进行需求预测。通过结合多方面的信息和数学模型，系统可以更好地应对市场的不确定性，提高整个供应链的灵活性。

四、智能供应链规划营销

需求预测与库存优化后，系统可以进行智能供应链规划。通过大数据分析，系统能够优化供应链的各个环节，包括生产计划、物流运输等。这一层确保了供应链的高效运作，提高了整体的生产和配送效率。

（一）智能生产计划

智能供应链规划中的关键环节之一就是智能生产计划。通过大数据技术，系统可以根据需求预测和库存优化的结果，优化生产计划。这涵盖了生产线的调整、生产批次的安排等方面，以确保生产能够灵活、高效地满足市场需求。智能生产计划的优势在于它的适应性和实时性。系统能够根据最新的销售数据和需求模型,动态地调整生产计划,以适应市场的变化。这使得生产能够更加灵活地应对不断变化的市场需求。此外,系统还可以通过智能生产计划来最大限度地优化生产效率。通过分析生产线的数据和运营状况,系统可以提出更有效的生产计划,避免生产线的空闲或过载,提高整体生产效能。总体而言,智能生产计划为供应链规划提供了科技驱动的解决方案。通过充分利用大数据技术,系统可以更准确、实时地调整生产计划,为整个供应链提供了灵活性和效率的提升。

(二)物流运输优化

物流运输优化的确是供应链中至关重要的一环。通过大数据分析,系统可以优化物流运输方案,包括路线规划、运输工具的选择等。这确保了产品能够以最快速度、最低成本到达目的地,提高了整体的物流效率。路线规划的优化有助于减少运输时间和成本。系统可以分析不同路线的交通情况、距离和运输成本,选择最优的路线,确保货物以最经济的方式到达目的地。这对于降低物流成本、提高交付准时性至关重要。同时,运输工具的选择也是物流运输优化的重要方面。系统可以考虑不同的运输方式,如陆运、海运、空运等,并根据实时情况作出最佳选择。这有助于在不同的情境下灵活运用不同的运输方式,提高整体物流的适应性。总体而言,物流运输优化通过大数据分析,为供应链提供了更精确、实时的运输方案。通过优化路线和运输工具的选择,系统可以提高物流效率,降低运输成本,为整个供应链提供了稳健的支持。

(三)库存调配与分布优化

库存调配与分布优化是智能供应链规划中不可或缺的一环。通过大数据技术,系统能够根据需求预测和库存优化的结果,灵活地调整不同地区的库存水平和产品分布。这确保了产品能够更精准地满足不同地区的需求,减少了库存的浪费。通过库存调配,系统可以根据不同地区的销售情况调整库存水平。对于销售旺季的地区,可以增加库存以确保足够的供应;而对于销售较弱的地区,则可以减少库存,降低库存成本。这种差异化的库存管理有助于更好地适应不同地区的市场需求。此外,产品的分布也是库存调配与分布优化的关键。系统可以根据销售数据和需求模型,调整产品在不同地区的分布,确保产品能够更快速、高效地达到消费者手中。这有助于提高整体的库存周转率，减少滞销风险。总体而言，库存调配与分布优化通过大数据分析，为供应链规划提供了更为精准和灵活的库存管理方案。通过根据实时需求和销售数据作出调整，系统可以降低库存风险，提高库存利用率，为整个供应链提供了更为智能的支持。

五、供应链透明度与合作伙伴互动营销

大数据与供应链整合营销强调供应链透明度与合作伙伴互动。通过共享实时数据，系统能够与供应链上的合作伙伴进行更紧密的互动，共同应对市场变化和需求波动。这一层确保了供应链的协同作业，提高了整体供应链的灵活性。

（一）供应链数据共享与透明度

供应链透明度的核心确实在于数据的共享与透明。通过大数据技术，系统能够实现供应链数据的实时共享，包括生产进度、物流情况、库存水平等。这一层确保了供应链各个环节的数据对合作伙伴都是透明的，提高了信息的流通效率。实时数据共享有助于建立更紧密的供应链合作关系。供应商、制造商、物流服务商等各方能够及时了解彼此的运营状况，更好地协调和合作。这种透明度有助于迅速发现并解决潜在问题，提高整个供应链的响应速度。透明的供应链数据也为决策提供了更为可靠的基础。各个环节的参与者可以基于实时的数据进行更准确的分析和预测，从而作出更明智的决策。这有助于降低信息不对称，提高整体供应链的协同效率。总体而言，供应链数据共享与透明度通过大数据技术，为整个供应链提供了更加紧密、高效的协作平台。实时的数据流通使得各环节更为协调，为供应链的顺畅运作提供了有力支持。

（二）合作伙伴互动平台建设

除了数据共享，建设合作伙伴互动平台确实是供应链整合营销中的关键环节。通过大数据技术，系统可以构建一个合作伙伴互动平台，使各个供应链参与者能够更紧密地协作和沟通。这一层确保了供应链上的各个合作伙伴能够更迅速地响应市场变化和需求波动，提高了整体供应链的协同作业效率。合作伙伴互动平台有助于实现信息的集中管理和共享。通过这个平台，各个合作伙伴可以实时获取和分享关键的供应链信息，包括需求变化、生产进度、库存水平等。这种实时的沟通有助于更迅速地作出

决策，提高了整体供应链的反应速度。平台的建设也可以促进合作伙伴之间的更深层次的协作。通过在线平台，各方可以方便地协商、协调，共同解决潜在的问题。这种紧密的合作有助于构建更加强大而灵活的供应链网络。总体而言，合作伙伴互动平台的建设通过大数据技术，为供应链提供了一个更加高效的合作平台。

（三）实时协同决策

实时协同决策是供应链透明度与合作伙伴互动的目标之一。通过大数据分析，系统可以实时收集各个合作伙伴的意见和反馈，共同制定应对市场变化的决策。这一层确保了供应链上的各方能够迅速作出协同一致的决策，提高了对市场变化的应对速度。实时协同决策有助于更快速地应对突发事件。如果市场发生变化或出现问题，各个合作伙伴可以通过系统实时交流，共同制定应对措施，降低潜在的影响。这种迅速的决策机制有助于提高供应链的灵活性和抗风险能力。同时，实时协同决策也能够优化整个供应链的运作。通过及时获取各方的反馈，系统可以不断优化决策策略，提高整体运营效率。这种实时协同有助于构建更为敏捷和高效的供应链网络。总体而言，实时协同决策通过大数据分析，使供应链各方能够更加迅速、一致地作出决策。

六、风险管理与预警营销

大数据与供应链整合营销关注风险管理与预警。通过对供应链数据的深度分析，系统能够及时发现潜在的风险，如供应中断、物流问题等，从而确保了系统能够迅速应对潜在的风险，保持供应链的稳定性。

（一）供应链风险识别与分析

风险管理与预警的确是供应链管理的重要一环。通过大数据技术，系统可以深入分析供应链数据，识别潜在的风险因素，包括供应商问题、物流延迟、自然灾害等。识别供应链风险的关键在于对数据的敏感性和全面性。系统可以通过实时监测各个环节的数据，及时发现异常情况，如供应商交货延误、物流问题等。通过对历史数据的分析，系统还可以识别出一些潜在的趋势和规律，帮助提前预警可能的风险。供应链风险的分析也有助于制定相应的风险缓解策略。通过深入了解风险的本质和潜在影响，系统可以制订出更为有效的风险管理计划。这有助于降低风险带来的损失，并提高整个供应链的稳健性。总体而言,供应链风险识别与分析通过大数据技术,为系统提供了更为全面、准确的风险认知。

(二) 实时风险监测与预警系统

实时风险监测与预警系统是确保供应链顺畅运作的关键组成部分。通过大数据分析,系统可以迅速而准确地监测供应链各个环节的数据。这包括但不限于供应商信息、库存水平、物流情况等。通过实时监测,系统能够获取全面的供应链动态,及时发现潜在的风险因素。在系统中设定预设的风险指标是十分关键的步骤。这些指标可以涵盖各种潜在的风险,如供应商延迟、原材料涨价、交通中断等。通过设定这些指标,系统能够在数据分析过程中识别异常情况,并对可能的风险进行预警。及时预警是实现风险应对的第一步。一旦系统检测到超过预设指标的异常情况,即可立即发出预警通知。这可以通过各种方式实现,如电子邮件、短信、报警系统等。这种及时的信息传递确保了相关人员能够在风险发生前得知情况,有足够的时间采取应对措施,从而减小损失。总的来说,实时风险监测与预警系统是一个强大的工具,使企业能够更加灵活地应对供应链中的各种挑战。通过数据分析和及时预警,企业可以更好地管理风险,确保供应链的稳定运作。

(三) 灵活调整供应链策略

灵活调整供应链策略是实现风险应对的关键一环。大数据分析在这个过程中发挥着至关重要的作用,通过迅速评估风险的影响,系统能够及时采取相应的措施以应对不确定性。一项关键的应对策略是调整生产计划。系统可以通过分析相关数据,了解生产线的状况、库存水平以及订单需求等因素,以迅速制订新的生产计划。这有助于最大限度地降低由于风险而导致的生产中断或交货延迟。另一方面,系统还可以通过大数据分析寻找备用供应商。在面临供应链中某个环节出现问题时,系统可以立即分析潜在的备用供应商,评估其可行性和可靠性,并迅速与其建立联系。这种灵活性可以帮助企业迅速切换至备用供应链,从而确保物流畅通,生产不受太大影响。通过灵活调整供应链策略,系统能够更加迅速而有效地应对风险,保障供应链的稳定性。这也强调了在现代供应链管理中,灵活性和敏捷性的重要性,以适应不断变化的市场和环境。

第三节 大数据时代供应链整合营销未来发展

一、智能化供应链管理未来发展

智能化供应链管理的未来发展确实充满了激动人心的前景。随着大数据时代的到来，人工智能和机器学习等先进技术的应用将为供应链管理注入更多智能和灵活性。一方面，智能化供应链管理将能够实现更精准的需求预测。通过对大量历史数据的分析，机器学习算法可以识别出潜在的趋势和模式，从而更准确地预测未来的需求变化。这有助于企业更好地调整生产计划、优化库存，避免过剩或短缺，提高供应链的效益。另一方面，智能化技术还将带来更灵活的库存管理。系统可以通过实时监测和分析供应链中的各种变化，快速做出库存调整的决策。这种灵活性使企业能够更好地适应市场需求的变化，降低库存成本，并提高库存周转率。整体而言，智能化供应链管理的未来将是一个更智能、更灵活、更高效的时代。通过结合大数据、人工智能和机器学习等先进技术，企业可以更好地应对市场变化，提升供应链的响应速度和整体竞争力。这也是供应链管理领域迎接数字化时代挑战的必然趋势。

二、区块链技术在供应链的应用未来发展

区块链技术在供应链管理中的应用确实是一个引人注目的未来趋势。其去中心化和不可篡改的特性为供应链带来了许多优势，特别是在大数据时代。首先，区块链可以增强供应链的透明度。由于所有参与方都可以实时查看和验证区块链上的交易记录，供应链的信息流变得更加透明，各个环节之间的关系和交易更为清晰可见。这有助于降低信息不对称，提高供应链的运作效率。其次，区块链可以减少欺诈风险。由于区块链上的数据是不可篡改的，一旦信息被记录，就无法被修改或删除。这种特性确保了供应链中的数据的真实性和可信度，降低了欺诈的可能性，提高了参与方之间的信任度。最后，区块链还能提高供应链的安全性和可追溯性。通过将每一笔交易都以区块的形式链接在一起，形成完整的链条，可以追溯产品的整个生命周期。这对于追踪产品的来源、处理质量问题或进行召回操作都非常有帮助，有助于提高整体供应

链的质量和安全标准。因此，区块链技术在供应链管理中的应用有望在未来继续发展，为供应链整合营销提供更加安全、透明和可信赖的解决方案。

三、实时数据分析与决策未来发展

未来实时数据分析与决策在供应链整合营销中的发展确实是一个不可忽视的趋势。大数据技术的不断进步为实现实时监测和决策提供了更强大的支持，将使得供应链管理更加敏捷和灵活。首先，实时数据分析能够提高对供应链的即时了解。通过对大规模数据的实时监测和分析，系统能够迅速捕捉供应链中的各种变化和趋势。这使得企业能够更加及时地调整战略，快速作出决策以适应市场的动态变化。其次，实时决策将加速问题的解决过程。在面对供应链中的问题时，系统可以立即分析数据并生成可行的解决方案。这种即时性有助于企业快速应对各种挑战，降低因延迟而导致的损失。另外，实时数据分析与决策还能够提高整体效率。通过自动化和智能化的数据处理，系统可以更迅速而准确地进行决策，减少人为错误的可能性，提高供应链管理的效率和精度。因此，未来供应链整合营销将更加注重实时数据分析与决策的应用。这将为企业提供更大的灵活性和敏捷性，使其能够更好地适应市场的变化，提高竞争力。

四、可持续供应链管理未来发展

可持续供应链管理的未来发展确实是一个重要而迫切的方向。大数据分析在这一趋势中扮演着关键的角色，使供应链管理更加关注环境、社会和经济的可持续性。首先，可持续供应链管理将更注重环境可持续性。通过大数据的分析，系统可以监测和评估供应链中的各个环节对环境的影响，包括能源消耗、废物排放等。这有助于企业采取更环保的做法，减少对自然资源的消耗，降低对环境的负面影响。其次，社会责任感将成为可持续供应链管理的重要组成部分。通过大数据的分析，系统可以跟踪和评估供应链中各参与方的社会责任表现，包括劳工权益、人权问题等。这有助于企业选择合作伙伴，并推动整个供应链体系加强社会责任感。最后，经济效益的优越性也是可持续供应链管理的目标之一。通过大数据的分析，系统可以评估各种可持续性措施对企业经济绩效的影响，并找到经济效益最佳的可持续性做法。这有助于企业在实现可持续性的同时，保持经济可行性。因此，未来的供应链整合营销将更加强调可持续性，通过大数据分析实现更环保、社会责任感强、经济效益优越的供应链运作。这不仅符合企业社会责任的发展趋势，也有助于建立可持续发展的商业模式。

五、个性化与定制化服务未来发展

个性化与定制化服务的未来发展是供应链整合营销中的一个引人注目的趋势。在大数据时代，深度学习和个性化推荐算法等先进技术的应用将使得供应链更好地满足消费者个性化的需求，提供定制化的产品和服务，从而提高客户满意度。首先，通过深度学习技术，供应链系统可以更好地分析消费者的购买历史、偏好和行为，实现对个体需求的深入了解。这使得企业能够更准确地预测消费者的需求，为其提供更加符合个性化要求的产品和服务。其次，个性化推荐算法的应用将使得供应链能够为每个消费者量身定制推荐。通过分析消费者的喜好、购买习惯等数据，系统可以为每位消费者推荐最符合其兴趣和需求的产品，提升购物体验，增加购物的满足感。此外，定制化服务不仅包括产品的个性化，还包括服务的个性化。供应链可以通过大数据分析来了解消费者对于服务的期望，提供更个性化、贴近需求的售后服务，增强客户黏性。总体而言，未来的供应链整合营销将更加注重个性化与定制化服务。通过大数据的深度分析和先进算法的应用，企业可以更好地满足消费者的独特需求，提高客户体验，增强品牌竞争力。这也反映了市场对于个性化服务的不断追求，是供应链管理与市场趋势相互融合的产物。

六、全球化供应链网络未来发展

全球化供应链网络的未来发展将受益于大数据时代的加速发展。强大的数据分析和全球信息交流将成为推动供应链整合营销走向全球化的关键因素，实现更高效的全球化供应链网络运作。首先，大数据分析将帮助企业更好地理解全球市场的需求和趋势。通过对全球范围内的市场数据进行深入分析，供应链管理系统可以更准确地预测产品需求、制定市场战略，并更灵活地调整全球供应链的布局。其次，全球化的信息交流将促进供应链网络更紧密的跨国合作。通过先进的通信技术和实时数据共享，不同国家和地区的供应链环节可以更迅速地响应市场变化，协同合作，提高整体供应链的效率。此外，全球化供应链网络将更注重跨国物流的优化。大数据分析有助于优化全球物流网络，降低运输成本，提高货物运输的效率，从而更好地满足全球范围内的供应链需求。总体而言，未来的供应链整合营销将更加趋向全球化。通过大数据的应用和全球信息的高效交流，企业可以更好地整合全球资源，建立紧密的跨国合作关系，实现全球化供应链网络的高效运作，从而更好地适应全球市场的竞争和变化。这也反映了全球经济一体化的趋势，是供应链管理在全球化背景下的必然发展方向。

七、人机协同的供应链管理未来发展

人机协同的供应链管理的未来发展确实是一个引人注目的趋势。随着人工智能和机器学习等技术的不断进步，将其与人类的智慧相结合，共同参与供应链的决策和管理，将实现更高效、更智能的供应链运营。首先，人机协同将在供应链决策中发挥关键作用。机器学习算法可以通过对大规模数据的分析，识别出潜在的趋势和模式，为供应链决策提供更准确的数据支持。人类专业知识和经验将与机器学习相结合，共同制定更明智的决策策略。其次，人机协同将在供应链执行中发挥作用。自动化和机器人技术可以在物流、仓储等环节提高运营效率，减少人为错误和延误。人类与机器的协同工作将使得整个供应链更加流畅，提高生产和物流的效率。此外，人机协同还将促进更智能的供应链预测和优化。通过人工智能的应用，系统可以更准确地预测需求、优化库存和生产计划，使供应链更具敏捷性和适应性。总体而言，未来的供应链整合营销将更加强调人机协同。这将为企业提供更强大的决策支持和运营能力，使供应链更具竞争力和适应性。人机协同的发展也将推动供应链管理进入更智能化的时代。

第七章 大数据时代数字产业生态圈的新模式

第一节 数字产业新模式

一、数字基础设施建设模式

在数字产业新模式中,首要的是建立健全数字基础设施,包括高速稳定的网络、先进的数据中心和强大的计算能力。这为其他层次的发展提供了坚实的基础。

(一) 基础网络建设

在基础网络建设方面,首先要确保网络的全面覆盖性,无论是城市还是偏远地区,每个角落都能够接入网络。这包括铺设高速、稳定的有线网络,以及建设覆盖范围广泛的无线网络,确保人们在任何地方都能够方便地上网。有线网络的建设需要注重高速和可靠性,以满足大规模数据传输的需求。这可能包括光纤网络的铺设,以提供更大的带宽和更稳定的连接。同时,网络设备和基础设施的更新和维护也是至关重要的,以确保网络始终保持高效运行。无线网络方面,则需要注重覆盖范围和连接稳定性。通过建设更多的基站和优化网络架构,可以确保在城市、乡村或移动中都能够获得稳定的无线网络连接。这对于移动设备的用户和物联网设备都是至关重要的。总的来说,基础网络建设是数字化社会的基石,它不仅关乎人们的日常生活,还涉及企业、教育、医疗等各个领域的发展。通过全面、高速、可靠的网络基础设施,可以为各个行业提供更好的数字化服务和支持。

(二) 数据中心架构

数据中心的设计和架构在数字化时代扮演着至关重要的角色。云计算技术是其中一个关键元素，它能够实现数据的集中存储、高效管理和安全保障。首先，数据中心的设计需要考虑到大规模数据的存储需求。这可能包括采用分布式存储系统，通过多个服务器协同工作，实现大规模数据的高效存储和检索。同时，数据冗余和备份机制也是不可或缺的，以确保数据的安全性和可靠性。云计算技术的引入使得数据中心能够更灵活地应对不同业务需求。通过虚拟化技术，可以将硬件资源抽象出来，实现按需分配和动态扩展，提高资源利用率。这样的架构能够更好地适应不断变化的业务环境，同时降低成本。在数据中心的管理方面，自动化和智能化也是关键的考虑因素。通过引入自动化管理工具和人工智能技术，可以实现对数据中心的实时监控、资源调度和故障诊断，提高运维效率和系统稳定性。安全性是数据中心设计的一个核心原则。采用严格的访问控制、加密技术和安全审计机制，确保数据在存储和传输过程中始终得到保护。这对于敏感信息的存储，如个人隐私数据或商业机密，尤为重要。总的来说，先进的数据中心架构需要充分利用云计算技术，注重大规模数据的存储和管理，同时保障数据安全和系统稳定性。这为数字化时代的大数据处理提供了可靠的基础设施。

(三) 计算能力提升

计算能力的提升对于支持复杂的数据分析、人工智能和机器学习工作负载至关重要。在这一层次，采用先进的处理器和图形处理单元（GPU）等技术是关键手段。首先，先进的处理器是提升计算能力的核心。新一代的中央处理器（CPU）通常具有更多的核心和更高的时钟频率，能够更有效地处理大规模的计算任务。同时，采用多核心处理器能够实现并行计算，提高整体的计算效率。图形处理单元（GPU）在处理大规模并行计算方面表现出色，尤其是在涉及图形处理和深度学习等方面。通过使用GPU加速计算，可以显著提高处理大规模数据和复杂模型的速度。这对于人工智能和深度学习应用尤为重要，因为这些应用通常涉及大量的矩阵运算和复杂的神经网络训练过程。另外，量子计算技术的发展也是计算能力提升的一个潜在领域。量子计算能够在某些特定问题上实现指数级的计算速度提升，对于某些复杂的计算任务具有潜在的优势。尽管目前量子计算还处于研究和实验阶段，但随着技术的不断进步，其在计算能力提升方面的潜力是备受期待的。总的来说，计算能力提升需要采用先进的处理器、GPU 等技术，以满足数字化时代对于大规模数据处理和人工智能应用的需求。这将为各种行业的创新和发展提供强大的计算支持。

（四）网络安全与隐私保护

确保网络安全与隐私保护是数字基础设施不可或缺的一环。在这一层次，建立健全网络安全机制是至关重要的，同时需要关注防火墙、入侵检测系统和数据加密技术，以及强调用户数据的隐私保护。首先，防火墙是网络安全的第一道防线。它可以监控和控制网络流量，阻止未经授权的访问，从而防范网络攻击和未经授权的数据访问。合理配置和更新防火墙规则是确保网络安全的基本措施之一。其次，入侵检测系统可以帮助及时发现和应对潜在的攻击。通过监控网络活动和识别异常行为，入侵检测系统能够在攻击发生时及时作出反应，提高系统的安全性。数据加密技术对于确保数据传输和存储的安全性至关重要。采用加密算法对敏感数据进行加密，可以有效防止数据在传输和存储过程中被窃取或篡改。同时，确保密钥的安全管理也是关键的一环。隐私保护是数字基础设施安全的一个重要方面。在处理用户数据时，必须遵循严格的隐私政策和法规。采用数据匿名化、脱敏化等技术，最大限度地保护用户的个人隐私信息。综合而言，网络安全与隐私保护是数字基础设施建设的重中之重。通过综合运用防火墙、入侵检测系统、数据加密技术以及严格的隐私保护措施，可以建立一个安全可靠的数字基础设施，为用户和各个行业提供信心和保障。

（五）可持续发展与环保

可持续发展与环保在数字基础设施建设中扮演着日益重要的角色。这一层次需要采取一系列措施，包括采用绿色能源、优化设备能效，以及考虑数字化对环境的影响，实现数字化发展与生态平衡的有机结合。首先，采用绿色能源是可持续发展的核心之一。数字基础设施通常需要大量的能源来维持运行，为了减少对传统能源的依赖以及减少对环境的影响，转向可再生能源如太阳能、风能等是至关重要的。这不仅有助于降低碳足迹，还能够在长期内降低运营成本。其次，优化设备能效也是可持续发展的关键一环。通过采用先进的节能技术、优化硬件和软件设计，可以实现设备的更高能效,降低整个数字基础设施的能源消耗。定期的设备更新和维护也是确保设备能效的重要手段。此外,数字化对环境的影响也需要被充分考虑。例如,数字化技术可以应用于智能城市管理,优化交通流动,减少能源浪费。通过数字技术的创新,可以找到更环保、更高效的解决方案,推动社会的可持续发展。总的来说,可持续发展与环保应成为数字基础设施建设的基本原则。通过采用绿色能源、优化设备能效,以及充分考虑数字化对环境的影响,可以实现数字化发展与生态平衡的有机结合。

二、数据驱动创新模式

数字产业新模式的核心是以数据为基础进行创新。通过收集、分析和应用大数据,企业可以更好地理解市场需求、优化运营流程,并推出更具创新性的产品和服务。

(一)数据收集与获取

在数据收集与获取方面,确保有效性和多样性是关键。这一层次需要建立全面的数据采集系统,利用各种手段包括传感器、用户交互和在线平台,以确保获取多样化、实时性的数据。首先,传感器技术是数据采集的关键。通过在各种设备和环境中部署传感器,可以实时监测和收集各种数据,从气象信息到交通流量,再到工业生产中的各种参数。这样的多样性和实时性能够为不同领域的数据需求提供全面的支持。用户交互是另一个重要的数据来源。通过用户使用应用、网站或设备时产生的数据,可以获得关于用户行为、偏好和需求的有价值信息。这种数据的获取需要关注隐私保护,但通过合理的获得用户同意和匿名化处理,可以在尊重隐私的前提下获取有效的用户数据。在线平台也是一个重要的数据获取途径。社交媒体、电子商务平台、在线服务等都产生大量数据,这些数据反映了用户的社交互动、购物行为、使用习惯等方面的信息。通过合法途径获取并分析这些数据,可以洞察市场趋势、用户需求等关键信息。通过建立全面的数据采集系统,充分利用传感器、用户交互和在线平台等手段,可以获取多样化、实时性的数据,为各个领域的决策和创新提供强有力的支持。

(二)数据存储与管理

在数据存储与管理层次,重点放在了数据的存储和管理方面。这包括采用先进的数据库系统、云存储技术,以建立可扩展、安全、高效的数据管理系统,从而确保数据的完整性和可用性。首先，先进的数据库系统是关键的组成部分。通过选择适用的数据库系统，可以更有效地存储和检索大规模数据。关系型数据库、NoSQL 数据库等不同类型的数据库可以根据不同的需求进行选择，以满足不同数据结构和查询模式的要求。云存储技术也是数据管理的重要手段。将数据存储在云端可以提供高度的可扩展性和灵活性，同时降低了对物理硬件的依赖。云存储服务商通常提供强大的数据备份和恢复机制，确保数据的安全性和可用性。建立可扩展的数据管理系统是为了适应不断增长的数据量。随着时间的推移，数据量会呈指数级增长，因此系统需要能够扩展以容纳更多的数据，同时保持高效的性能。数据的安全性也是不可忽视的一点。采用加密技术、访问控制和备份机制，可以保护数据免受恶意攻击或意外损失。合规性方面的考虑，特别是对于一些敏感信息，也是数据管理的重要组成部分。总体而言，数据存储与管理是数字基础设施中至关重要的一环。通过采用先进的数据库系统、云存储技术，建立可扩展、安全、高效的数据管理系统，可以为各种行业提供强有力的数据支持，确保数据的完整性、可用性和安全性。

（三）数据分析与挖掘

在数据分析与挖掘的层次，关注如何通过数据分析工具和算法深入挖掘数据中的关联、趋势和模式，以提取有价值的信息，并为创新提供有力支持。首先，数据分析工具是必不可少的。这些工具包括统计软件、可视化工具和商业智能平台等，能够帮助分析师和决策者更好地理解数据。通过可视化，复杂的数据可以直观的方式呈现，有助于发现数据中的规律和趋势。算法在数据分析中扮演着关键的角色。机器学习算法、深度学习模型等能够帮助自动发现数据中的模式，并进行预测和分类。这些算法可以应用于各种领域，包括市场分析、用户行为预测、风险管理等，为创新提供了强大的工具。关联规则挖掘和趋势分析是数据分析的两个重要方面。通过挖掘数据中的关联规则，可以发现不同变量之间的关系，为决策提供支持。趋势分析则能够帮助预测未来的发展方向，有助于作出有远见的决策。实时数据分析也是当前趋势之一。通过实时监控和分析数据流，可以更及时地作出反应。这对于金融交易、物联网应用等需要即时决策的场景尤为重要。总的来说，数据分析与挖掘是数字基础设施中数据驱动创新的核心。通过合理利用数据分析工具和算法，深入挖掘数据中的信息，可以为企业、政府和科研机构提供有力的支持，促进创新和发展。

（四）实时应用与决策

在实时应用与决策的层次，关注如何将实时数据应用于业务流程中，通过实时决策系统，使企业更敏捷地应对市场变化和客户需求。首先，实时数据的获取和处理是关键的一步。通过使用实时监测系统、传感器网络等手段，能够实时地采集数据并将其传输到数据处理系统。这可以涉及大规模数据流处理技术，确保数据能够在瞬息之间被分析和处理。实时决策系统的建设是实现实时应用的关键。这样的系统需要具备高度的响应速度和智能化的决策能力。通过结合实时数据分析、机器学习算法等技术，系统能够迅速作出基于最新数据的决策，提高企业对市场变化的敏感度。实时应用可以涉及多个领域，如供应链管理、市场营销、金融交易等。在供应链管理中，实时数据能够帮助企业更好地监控库存、预测需求，以便及时调整生产和供应链策略。在市场营销中，实时数据分析可以支持个性化营销和实时反馈，提高营销效果。决策的实时性也对金融交易等领域具有关键作用。在股票交易、外汇交易等金融市场中，实时数据的分析和决策能够在极短的时间内作出买卖决策，以应对市场的波动。总体而言，实时应用与决策是数字基础设施中的关键环节。通过构建实时数据获取、处理和决策系统，企业能够更灵活地应对市场变化，提高业务的敏捷性和竞争力。

（五）创新推出与迭代

在创新推出与迭代的层次，企业需要将从数据中获取的洞察转化为实际的创新行动，通过不断的迭代和优化，确保产品和服务的持续创新。首先，创新推出需要将数据洞察与业务战略紧密结合。通过深度分析数据，企业可以发现市场趋势、用户需求等关键信息，从而指导产品和服务的创新方向。这需要在组织内建立数据驱动的文化，使数据分析成为业务决策的基础。将创新转化为实际行动需要敏捷的开发和迭代过程。采用敏捷开发方法、快速迭代的策略，可以更迅速地将新想法转化为实际产品或服务，并及时根据市场反馈进行调整和优化。这种迭代过程是创新的关键，使企业能够不断适应市场变化和用户需求。用户参与是创新推出的另一个重要因素。通过与用户的互动、反馈和共创，企业能够更好地理解用户需求，提高产品的用户体验。这可以通过用户调研、用户测试等手段来实现，确保创新的产品或服务能够真正满足用户的期望。在创新推出与迭代的过程中，数据也发挥着关键的角色。通过持续的数据收集和分析，企业能够了解产品或服务的表现，发现潜在问题并及时作出调整。这种数据反馈机制可以帮助企业更快地适应市场变化，确保创新的持续成功。总的来说，创新推出与迭代是数据驱动创新的最终目标。通过将数据洞察转化为实际的创新行动，并通过敏捷的开发和迭代过程不断优化，企业可以提供更具价值和创新性的产品和服务。

三、智能技术应用模式

数字产业新模式离不开人工智能、机器学习等智能技术的广泛应用。这些技术能够实现自动化、智能化的生产和服务，提高效率，降低成本，同时也创造了新的商业机会。

四、开放合作生态模式

在数字产业新模式中，企业需要打破传统的封闭模式，积极参与开放合作。通过与合作伙伴、创新生态的建立，企业能够共享资源、共同创新，实现互利共赢。

五、数字化组织转型模式

数字产业新模式要求企业进行全面的数字化转型。这包括重新设计组织架构、培养数字化人才、建立灵活的工作流程，以适应快速变化的数字环境。

（一）技术基础建设

在技术基础建设的层次，关注人工智能、机器学习等技术的基础建设是至关重要的。这包括硬件设施的升级、算法模型的研发，以及开发支持智能技术的软件框架。首先，硬件设施的升级是智能技术应用的基础。对于人工智能和机器学习等计算密集型任务，需要更强大、高性能的硬件支持。图形处理单元的应用、专用的AI芯片等硬件升级可以显著提升计算速度和效率。其次，算法模型的研发是技术基础建设的核心。不断改进和创新算法模型，使其更适应不同场景和任务，是推动智能技术发展的关键。深度学习、强化学习等领域的研究对于构建更智能化的系统起到了重要作用。另外，软件框架的开发也是技术基础建设中不可忽视的一部分。为了更便捷地应用和部署智能技术，需要有高效的软件框架支持。开源框架如 TensorFlow、PyTorch 等为研究人员和开发者提供了强大的工具，促进了智能技术的快速发展。技术基础建设的成功还需要充分的研发和创新投入。政府、企业和研究机构可以通过资助研究项目、建立实验室等方式，推动人工智能和机器学习等技术领域的前沿研究。总的来说，技术基础建设是推动智能技术应用模式的关键。通过硬件设施的升级、算法模型的研发和软件框架的开发，可以为智能技术的广泛应用奠定坚实的基础。

（二）数据准备与清洗

在数据准备与清洗的层次，强调如何准备和清洗数据，确保数据的质量和可用性，以提高智能技术的准确性和效果。首先，数据准备涉及收集、整合和转换数据的过程。这可能包括从不同来源收集数据，将不同格式的数据整合到统一的数据仓库中，并进行必要的数据转换，以适应后续的分析和建模需求。清洗数据是确保数据质量的关键步骤。数据中可能存在缺失值、异常值、重复值等问题，这些问题会影响智能技术的建模和预测效果。通过采用数据清洗技术，如填充缺失值、移除异常值等，可以提高数据的质量和可靠性。数据标准化也是数据准备的一部分。在不同来源的数据中，可能存在着不同的单位、格式等差异，这会影响到模型的训练和预测。通过对数据进行标准化，可以确保数据具有一致的格式和单位，提高模型的泛化能力。另外，数据的可用性也需要被充分考虑。确保数据的及时性、完整性和可访问性，可以保证智能技术在实际应用中具有更好的实用性。数据准备与清洗是智能技术应用中的基础工作，对于提高模型的准确性和效果至关重要。通过合理的数据准备和清洗，可以确保智能技术建模过程中使用的数据是可靠的、质量高的，为后续的分析和决策提供更可信的基础。

（三）模型训练与优化

在模型训练与优化的层次，关注如何通过大规模的数据训练智能模型，并优化模型以适应不断变化的环境。使用机器学习算法，不断提升模型的预测和决策能力。首先，模型训练需要大量的标注数据。这可能包括历史数据、用户行为数据等。通过使用监督学习、无监督学习等机器学习算法，模型能够从这些数据中学习特征和模式，以进行后续的预测和决策。在模型训练的过程中，需要进行参数调整和优化。这可能包括调整模型的超参数、选择合适的损失函数等。优化的目标是提高模型的性能，使其在未知数据上表现更好。不断优化模型是为了适应不断变化的环境。随着时间的推移，数据分布可能发生变化，新的模式可能出现。通过使用增量学习、在线学习等技术，模型能够及时地适应这些变化，保持预测的准确性。交叉验证是评估模型性能的一种重要手段。通过将数据划分为训练集和测试集，可以评估模型在未见过的数据上的泛化能力。这有助于发现模型的潜在问题，并进一步优化模型。总体而言，模型训练与优化是智能技术应用中的关键步骤。通过大规模数据的训练和不断的优化过程，模型能够逐步提升其预测和决策能力，为实际应用提供更可靠的支持。

（四）智能应用集成

在智能应用集成的层次，注重如何将训练好的模型集成到企业的生产和服务流程中，实现自动化和智能化。集成需要考虑与现有系统的对接。很多企业已经有一套成熟的信息系统，如 ERP、CRM 等。在集成智能应用时，需要确保新的智能模型与现有系统能够协同工作，实现平稳的集成。API（应用程序接口）的设计和开发是实现智能应用集成的重要一环。通过提供清晰、灵活的 API，可以使其他系统轻松调用智能模型的功能，实现各个系统之间的数据传递和协同工作。智能应用的集成还需要考虑实时性和稳定性。特别是在一些需要即时决策的场景中，确保智能应用的结果能够及时传递给业务流程，保证整个系统的高效运作。另外，用户界面的设计也是智能应用集成的一部分。用户可能需要与智能应用进行交互，了解模型的输出结果或进行必要的调整。良好设计的用户界面可以提高用户体验，促进智能技术的广泛应用。安全性是智能应用集成中不可忽视的因素。确保数据传输和处理的安全性，以及对模型和系统的访问权限的管理，是智能应用集成中必要的保障措施。总体而言，智能应用集成是将技术落地的关键步骤。通过与现有系统对接、API 的设计和开发、实时性和稳定性的保障，以及用户界面的良好设计，可以实现智能技术在企业业务中的顺畅应用。

（五）持续创新与迭代

在持续创新与迭代的层次，关注如何通过监测和反馈机制，不断改进和升级智能技术，以适应市场变化和不断变化的业务需求。建立监测机制是持续创新的基础。通过监测智能应用的性能、用户反馈、市场变化等指标，可以及时发现问题和机会。这可能包括定期的性能评估、用户调查、市场趋势分析等手段。反馈机制是持续创新的驱动力。通过收集用户的反馈意见、业务部门的需求以及市场的变化，可以为智能技术的改进提供有力的指引。建立快速反馈回路，能够更迅速地响应问题和变化。持续的研发和创新投入是保持竞争力的关键。这可能包括研究新的算法模型、探索新的应用场景，以及关注前沿技术的发展方向。定期的研发计划和创新项目可以确保企业在智能技术领域保持领先地位。迭代是持续创新的执行手段。通过不断地优化算法、更新模型、调整系统，可以确保智能技术始终保持在最佳状态。这可能包括模型的在线学习、参数的动态调整等。定期的培训和更新也是持续创新的一部分。由于技术不断发展，确保团队具备最新的知识和技能，可以提高智能技术的应用水平。总的来说，持续创新与迭代是智能技术应用中的重要环节。通过监测和反馈机制、研发和创新投入、迭代优化等手段，可以使智能技术保持在不断创新和进步的状态，以适应市场的变化和业务的需求。

第二节　数字产业催生模式变革

一、新业态涌现

在数字产业催生模式变革的基础层次，企业和行业需要密切关注新业态的涌现。这包括新兴技术、新的商业模式和数字化创新，为企业提供了开拓市场和服务领域的机会。

（一）新兴技术的应用

在新兴技术的应用层次，企业需要关注并应用新兴技术，包括人工智能、区块链、物联网等领域的技术应用。通过引入先进技术，企业可以提高生产效率、创造新的产品和服务，以及改变产业格局。人工智能（AI）的应用可以涵盖多个领域。在生产中，AI可以用于自动化流程、优化生产计划，提高生产效率。在服务领域，AI可以用于客户服务、虚拟助手、个性化推荐等，提升用户体验。在决策层面，AI的数据分析和预测能力可以为企业提供更明智的决策支持。区块链技术的应用可以改变数据管理和交易方式。在供应链中，区块链可以实现溯源，提高产品追溯能力。在金融领域，区块链可以用于加密货币、智能合约等，改变传统交易模式。在数据安全方面，区块链的去中心化特性可以提供更高的安全性。物联网的应用涉及设备之间的互联互通。在生产中，通过连接各种设备，可以实现智能制造、设备远程监控等。在智能家居中，物联网可以实现家电、照明、安防等设备的智能控制。在城市管理中，物联网可以用于交通监控、环境监测等，提高城市的智能化水平。这些新兴技术的应用不仅可以提高企业的生产效率和创新能力，还有助于企业在竞争中保持领先地位。通过灵活运用这些技术，企业可以创造新的商业模式，满足不断变化的市场需求，实现可持续发展。

（二）新商业模式的创新

在新商业模式的创新层次，关注新业态的涌现与新商业模式的创新密切相关。企业需要思考如何重新构思自己的商业模式，可能涉及订阅服务、共享经济、平台化等新兴商业模式。这种创新能够为企业打开新的盈利途径，提升竞争力。订阅服务模式是一种注重持续服务和用户体验的商业模式。通过提供按需付费的服务，企业可以建立稳定的收入流，并更好地满足用户的个性化需求。这种模式常见于软件、媒体、电商等领域。共享经济模式强调资源共享和利用闲置资源。通过建立共享平台，企业可以将闲置的物品、服务或空间进行共享，创造更高的资源利用率。共享经济模式在共享单车、共享办公空间等领域得到广泛应用。平台化模式是建立在平台上进行业务的商业模式。企业可以通过建设数字平台，吸引不同的参与方，实现多方共赢。平台化模式在电商、社交媒体、在线教育等领域取得了巨大成功。除此之外，还有许多其他新商业模式的创新，如定制化服务、区块链驱动的商业模式、生态系统建设等。这些模式的创新使企业能够更灵活地适应市场变化，满足不同用户群体的需求，进而取得竞争优势。新商业模式的创新不仅涉及产品和服务的创新，更包括对商业流程、价值链、合作伙伴关系等方面的重新设计。通过与新兴技术的结合，企业能够在不断变化的商业环境中找到新的增长点，实现可持续发展。

（三）数字化创新的实践

在数字化创新的实践层次，企业需要积极实践数字化创新，包括数字化产品设计、智能化制造、数字化营销等方面。通过数字化的手段，企业能够更好地满足市场需求，据供更具创新性的解决方案。首先,数字化产品设计是通过数字技术对产品进行创新设计和开发。使用计算机辅助设计(CAD)工具、虚拟现实(VR)技术等,可以加速产品设计过程,降低成本,同时提高设计的精度和创意。其次,智能化制造是在生产过程中引入数字化和智能化技术。使用物联网、大数据分析等技术,可以实现生产过程的实时监控和优化,提高生产效率,减少资源浪费。智能制造也包括数字化的供应链管理和物流优化。数字化营销是通过数字渠道和工具来推广和销售产品或服务。社交媒体营销、搜索引擎优化、电子商务平台等数字化手段可以帮助企业更精准地定位目标客户,提高市场曝光度,并实现更有效的销售。数字化创新还包括数据驱动的决策和运营管理。通过大数据分析、人工智能等技术,企业可以从海量数据中获取洞察,优化业务流程,作出更明智的决策。总的来说,数字化创新是推动企业在新业态中脱颖而出的关键。通过在产品设计、制造、营销等方面的数字化实践,企业可以提高创新能力,适应市场的快速变化,实现可持续的竞争优势。

二、数字化整合与平台化

数字产业催生了整合和平台化的趋势。在这一层次,关注如何通过数字化手段整合内部和外部资源,构建数字生态系统和平台,以实现更高效的协同合作和服务交付。

(一)内部数字化整合

在内部数字化整合的基础层次,企业需要进行内部数字化整合,将不同部门、业务线的数据和流程整合起来。通过采用先进的企业资源规划(ERP)系统和协同工具,实现内部各个环节的数字化协同,提高工作效率。首先,企业资源规划系统是一种集成管理各个业务流程的软件工具。通过 ERP 系统,企业可以整合各个部门的数据和业务流程,实现信息的共享和实时更新。这有助于消除"信息孤岛",提高决策效率。其次,协同工具是用于促进团队合作和信息共享的数字化工具。包括项目管理软件、在线文档协作工具等。通过这些工具,团队成员可以更加灵活地合作,共同完成任务,减少沟通成本,提高工作效率。内部数字化整合还涉及数据的统一管理。通过建立统一的数据仓库或数据湖,企业可以更好地管理和利用内部各个部门产生的数据。这有助于提高数据的质量和可用性,为决策提供更可靠的支持。数字化整合也包括业务流程的优化和自动化。通过分析和重新设计业务流程,企业可以减少冗余步骤,提高流程效率。同时，采用自动化工具，如工作流程管理系统，可以更快速地完成重复性工作，减轻人工负担。总体来说，内部数字化整合是企业数字化转型的基础。通过 ERP 系统、协同工具、数据统一管理和业务流程优化，企业可以实现内部各个环节的数字化协同，提高工作效率，为企业的更高层次数字化创新打下坚实基础。

（二）外部资源整合与合作

在外部资源整合与合作的层次，关注如何整合外部资源和建立合作关系。通过数字平台，企业可以连接供应商、合作伙伴和客户，实现全价值链的数字化整合。这种外部资源整合有助于创造更为灵活和高效的生态系统。首先，数字平台的建设是整合外部资源的关键。通过建立数字平台，企业可以在一个统一的环境中连接各个合作伙伴，实现信息的共享和协同工作。数字平台可以是基于云计算的，也可以是采用区块链等技术构建的。其次，供应链数字化是外部资源整合的一部分。通过数字化供应链管理，企业可以更好地与供应商协同，实现供应链的实时可视化和优化。这有助于降低库存成本、提高交货效率。数字化营销也是外部资源整合的重要手段。通过数字化渠道，企业可以与客户建立更紧密的联系，了解客户需求，提供更个性化的服务。社交媒体、电商平台等数字化渠道的应用可以拓展企业的市场覆盖范围。开放式创新模式是一种外部资源整合的策略。企业可以与创新型公司、科研机构等建立合作关系，共同推动产品和技术的创新。开放创新有助于拓展企业的创新能力，加速新产品的推出。最后，生态系统建设是外部资源整合的更高层次。通过建立生态系统，企业可以吸引更多的参与方，形成共赢局面。生态系统不仅包括供应链上下游，还可能包括相关产业链的合作伙伴。总体而言，外部资源整合与合作是企业数字化转型中不可或缺的一部分。通过数字平台、供应链数字化、数字化营销、开放式创新和生态系统建设，企业可以更好地整合外部资源，实现价值链的数字化协同，提高竞争力。

（三）数字化平台生态系统构建

在数字化平台生态系统构建的层次，企业要构建数字化平台生态系统，建立开放、互联的数字化平台。这可能涉及开发应用程序接口（API）、建立开发者社区，以促使第三方开发者和合作伙伴共同参与，推动平台生态系统的不断创新与扩展。首先，开发应用程序接口是构建数字化平台生态系统的关键。通过开放 API，企业可以让第三方开发者和合作伙伴接入平台,共享平台的功能和数据。这有助于拓展平台的应用范围,吸引更多创新。其次,建立开发者社区是数字化平台生态系统构建的重要一环。通过建立开放的开发者社区,企业可以吸引更多的开发者参与平台应用的开发和优化。开发者社区有助于汇聚更多的创意和技术力量,推动平台生态系统的不断创新。数字化平台的开放性也包括与合作伙伴的深度合作。与其他企业、创新机构、初创公司等建立合作关系,共同推动平台的发展。这种开放的合作关系可以涵盖技术创新、业务合作、共同市场拓展等方面。数字化平台生态系统构建还需要注重数据的开放共享。通过开放数据接口,使得平台上产生的数据能够被第三方开发者和合作伙伴利用,推动更多基于数据的创新。最后,平台治理是数字化平台生态系统构建中需要重点关注的一点。合理的平台治理结构和规则可以确保平台生态系统的健康发展,平衡各方的利益,防止滥用和不当竞争。总体来说,数字化平台生态系统的构建是企业数字化转型的关键步骤。通过开放 API、建立开发者社区、深度合作、开放数据接口和平台治理,企业可以打造一个开放、创新的数字化平台,实现更广泛的价值共创。

三、客户体验重塑

数字产业的崛起对客户体验提出了新的要求。在这一层次,企业需要重新思考和设计客户互动的方式,利用数字技术提升客户体验,满足个性化需求,建立长期的客户关系。

(一) 多渠道体验设计

在多渠道体验设计的层次,企业需要设计多渠道的客户体验。这包括线上线下的融合,通过网站、移动应用、社交媒体等多个渠道,为客户提供一致且无缝的体验。关注如何通过数字化手段,实现多渠道间的信息共享和无缝切换。首先,网站和移动应用是企业线上渠道的重要代表。通过设计响应式网站和用户友好的移动应用,企业可以为客户提供便捷的线上体验。确保在不同设备上都能够流畅访问和使用,提高用户满意度。其次,社交媒体是重要的线上互动渠道。通过在社交媒体平台上建立品牌形象,与客户互动,提供实时的客户服务和反馈。社交媒体还可以作为营销渠道,推广产品和活动,扩大品牌影响力。线下渠道也需要与线上渠道进行融合。比如,在实体店铺中使用数字化技术,如智能支付、虚拟试衣间等,提升线下购物体验。同时,通过线下店铺收集的数据可以与线上数据进行整合，为客户提供更个性化的服务。多渠道体验设计还需要关注信息共享和无缝切换。客户在不同渠道间的行为和偏好应该能够无缝传递和共享。比如，客户在网站上浏览过的商品，可以在移动应用中看到相应的推荐。这有助于提高客户体验的一致性。数字化手段如数据分析和人工智能可以帮助企业更好地理解客户行为和需求，从而更精准地设计多渠道体验。通过实时数据分析，企业可以及时调整策略，优化客户体验，提高客户满意度和忠诚度。总体而言，多渠道体验设计是提升客户体验的关键。通过融合线上线下渠道，充分利用数字化手段，实现信息共享和无缝切换，企业可以为客户打造更加一致、便捷、个性化的体验。

（二）个性化服务和定制体验

在个性化服务和定制体验的层次，关注如何通过数字技术实现个性化服务和定制体验。通过分析客户数据，企业可以了解客户的偏好和需求，提供定制化的产品和服务，从而提升客户满意度。这可能涉及个性化推荐、定制化产品设计等方面。个性化推荐是通过分析客户历史行为和偏好，向客户推荐符合其兴趣的产品或服务。这可以通过使用算法和人工智能技术来实现，如基于用户浏览历史的推荐算法、协同过滤等。个性化推荐有助于提高购物体验，促使客户更容易找到符合其需求的商品。定制化产品设计是根据客户的个性化需求和喜好，提供定制化的产品或服务。通过数字化技术，企业可以与客户进行互动，了解其具体需求，甚至让客户参与产品设计的过程。这有助于提高产品的独特性，满足客户个性化的期望。数字技术还可以用于实现个性化的营销和沟通。通过分析客户的交互数据，企业可以更精准地进行营销活动，向客户发送个性化的促销信息和优惠券。个性化的沟通方式也能增强客户与企业之间的互动和信任关系。此外，个性化服务还可以包括客户服务的个性化。通过数字化技术，企业可以建立客户服务中心，实现多渠道的客户服务，同时根据客户的历史记录和偏好提供更个性化的服务体验。总体而言，通过数字技术实现个性化服务和定制体验是提升客户满意度和忠诚度的有效途径。通过深入了解客户需求、使用智能化算法和互动方式，企业可以在个性化服务和定制体验方面实现更高水平的客户关系管理。

（三）数字化互动与反馈机制

在客户体验的最高层次，企业要建立数字化的互动和反馈机制。通过社交媒体、在线客服等渠道，及时与客户互动，收集客户反馈。这种数字化互动不仅可以提升客户参与感，还能够快速响应客户需求，实现持续改进和优化客户体验。首先，社交媒体是强大的数字化互动平台。通过在社交媒体上建立品牌形象，与客户直接互动，回应客户的提问和反馈，企业可以实现与客户的实时连接。社交媒体还可以用于发布产品信息、促销活动，提高品牌曝光度。其次，在线客服是数字化互动的关键渠道之一。通过在线聊天、语音、视频等方式，企业可以及时解答客户的问题，提供个性化的服务。在线客服还可以记录客户的历史交互信息，为后续的互动提供更个性化的支持。数字化互动还包括客户参与的各个环节。例如，通过在线调查、投票、用户社区等方式，鼓励客户参与产品设计、活动规划等决策过程。这种客户参与不仅能够提供有价值的反馈，还能够增强客户对品牌的认同感和忠诚度。反馈机制是数字化互动的重要组成部分。通过收集客户的反馈信息，企业可以了解客户满意度、发现问题和改进点。这可以通过在线调查、评价系统、社交媒体监测等方式来实现。及时响应客户反馈，解决问题，可以提高客户体验和品牌声誉。通过数字化互动与反馈机制，企业可以与客户建立更紧密的联系，实现客户参与和品牌共建。这有助于不断优化产品和服务，提升客户满意度，形成积极的口碑传播，从而在竞争激烈的市场中取得更大优势。

四、数字化供应链优化

数字化产业模式变革需要关注整个供应链的优化。通过数字化技术，企业可以实现供应链的实时可视化、智能化调度和成本优化，提高生产效率和响应速度。

（一）实时可视化与数据分析

在数字化供应链优化的基础层次，企业需要实现供应链的实时可视化。通过数字技术，监控整个供应链的运作状态，包括库存水平、订单状态等。此外，利用数据分析工具，对供应链数据进行深入分析，发现潜在的瓶颈和优化空间。首先，实时可视化是实现供应链优化的基础。通过数字化技术，企业可以建立实时的供应链监控系统，将关键数据以可视化的方式呈现，包括库存水平、订单处理状态、运输进度等。这有助于企业随时了解供应链的实时情况，及时作出决策。其次，数据分析工具是发现供应链优化点的关键。通过对供应链数据的深入分析，企业可以发现潜在的问题和优化空间。例如，通过分析历史订单数据，可以预测需求趋势；通过分析库存数据，可以优化库存管理策略；通过分析供应商绩效数据，可以优化供应链合作关系。数字化供应链优化还包括利用物联网技术，实现设备和物流的实时连接。通过在设备和运输工具上安装传感器，企业可以实时监测设备运行状态和货物位置，确保供应链的可见性和透明度。另外，实时可视化和数据分析也可以用于供应链风险管理。通过监测全球事件、天气变化等因素，结合实时的供应链数据，企业可以更好地预测和应对潜在的风险，提高供应链的稳定性。总的来说，实时可视化与数据分析是数字化供应链优化的基石。通过建立实时监控系统，运用数据分析工具，企业可以更加灵活地应对市场变化，提高供应链的效率和适应性。

（二）智能化调度与协同优化

在智能化调度与协同优化的层次，关注如何实现供应链的智能化调度和协同优化。通过应用人工智能和机器学习算法，优化生产计划、仓储管理、物流调度等环节，实现整个供应链的协同优化。智能调度能够更灵活地适应市场变化和需求波动。首先，智能化生产调度是实现供应链协同优化的重要环节。通过应用人工智能算法，企业可以根据实时需求和库存情况，优化生产计划，提高生产效率。智能化生产调度还可以考虑生产设备的运行状态和维护需求，确保生产线的稳定运行。其次，智能化仓储管理也是供应链协同优化的关键。通过利用物联网技术，企业可以实时监控仓库的库存情况和货物流动，通过智能算法优化货物的存放位置，提高仓储效率。智能化仓储管理还能够预测未来的需求，进行合理的库存规划。智能化物流调度是实现供应链协同优化的另一方面。通过利用实时的运输数据和交通信息，企业可以优化物流路线，降低运输成本，提高交付效率。智能化物流调度还可以考虑多种运输方式的协同，选择最优的组合，实现更灵活的供应链配送。协同优化还包括与供应商和合作伙伴的协同。通过共享数据和信息，建立供应链协同网络，企业可以更好地与供应商协同，实现供应链的整体优化。这可以包括共同制订生产计划、协同库存管理等方面。总体来说，智能化调度与协同优化是数字化供应链优化的关键。通过应用人工智能和机器学习算法，企业可以实现生产、仓储、物流等环节的智能调度，提高供应链的灵活性和效率。与此同时，与供应商和合作伙伴的协同也是供应链协同优化的不可或缺的一部分。

(三) 数字化协作与可持续供应链

在数字化供应链优化的最高层次,企业要实现数字化协作和构建可持续的供应链。通过数字化协作平台,与供应商、合作伙伴实现紧密合作,分享实时信息,提高供应链的灵活性。同时,关注可持续发展,通过数字技术监测和管理供应链的环境和社会影响,实现可持续的供应链运营。首先,数字化协作平台是实现供应链数字化协作的核心。通过建立数字化协作平台,企业可以与供应商、合作伙伴实现实时的信息共享和协同。这包括订单信息、库存情况、生产计划等,使得整个供应链更加透明、高效。数字化协作平台还可以支持在线会议、文件共享等功能,促进团队协作,提高响应速度。其次,数字技术在可持续供应链方面发挥重要作用。通过数字监测和管理,企业可以追踪供应链中的环境和社会影响,包括能源消耗、碳足迹、劳工权益等方面。这有助于企业更全面地了解供应链的可持续性,采取措施降低对环境的影响,提高社会责任感。数字化协作与可持续供应链的结合还包括利用数据分析技术,优化供应链的设计和运营。通过分析大数据,企业可以更好地了解市场趋势,预测需求波动,从而进行更合理的生产计划和库存管理。这有助于减少过剩库存和运输成本,提高供应链的经济效益。另外,数字技术还可以用于建立智能化的可持续供应链。通过智能传感器、物联网技术,企业可以实时监测生产设备的能效、物流的效率等方面,从而采取措施提高资源利用率,减少能源浪费,实现更可持续的供应链运营。总体而言,数字化协作与可持续供应链是数字化供应链优化的最高目标。通过数字化协作平台,实现供应链的实时协同,以及数字技术在可持续供应链管理中的应用,企业可以构建灵活、高效、可持续的供应链体系。

五、人才与组织变革

数字产业催生了对人才和组织结构的重新思考。在这一层次,企业需要培养数字化人才,调整组织结构,以适应数字化时代的工作方式和业务需求。

(一) 数字化技能培养与发展

在人才与组织变革的基础层次,企业需要重点关注数字化技能的培养与发展。这包括为员工提供培训课程,推动数字化技能的学习和掌握,以满足数字产业对各类专业技能的需求。首先，企业可以建立全面的数字化技能培训计划。通过分析组织的数字化需求，制订相应的培训计划，覆盖从基础的数字技能到高级的专业技能的各个层次。培训计划应该涵盖不同职能和岗位，确保组织各个层面都具备数字化所需的技能。其次，利用在线学习平台和资源，提供灵活、便捷的数字化技能培训。员工可以通过在线学习随时随地获取所需的培训内容，同时，利用在线互动和社交学习促进员工之间的知识共享和合作学习。数字化技能的培训还可以通过与外部培训机构和专业组织合作来实现。这可以包括参与行业会议、研讨会，邀请专业人士进行培训，提供员工数字化技能学习机会。企业可以设立内部专业导师制度，通过内部专业人士指导和培训新人，促使知识和经验的传承。这种导师制度有助于培养更多的数字化专业人才，并建立起组织内部的数字化学习文化。除了技术技能，还应注重软技能的培养，如创新思维、问题解决能力、团队协作等。这些软技能在数字化时代同样至关重要，有助于员工更好地适应和融入数字化工作环境。总体而言，数字化技能培养与发展是人才与组织变革的关键环节。通过全面、灵活的培训计划，结合在线学习和外部资源，以及内部导师制度的建立，企业可以确保员工具备应对数字化挑战的各类技能。

（二）组织结构与流程优化

在组织结构与流程优化的层次，关注如何调整组织结构与流程，以适应数字化时代的工作方式。引入灵活的工作流程，推动团队之间更紧密的协作，实现信息的快速共享和决策的快速响应。数字化时代的组织结构要更加平坦，以促进快速决策和创新。企业可以采用敏捷的工作方法。敏捷方法强调小团队、快速迭代、灵活响应市场需求。通过采用敏捷方法，企业可以更快速地适应变化，提高工作效率，促进团队协作。推动数字化的工作流程。引入数字化工具和平台，促使工作流程数字化，实现信息的快速传递和共享。这包括项目管理工具、在线协作平台、文档共享工具等，以提高团队的协同效率。组织结构的优化也包括建立跨职能团队。通过跨职能团队的建立，不同部门之间可以更紧密地协作，快速解决问题，推动创新。这有助于打破传统组织结构中的壁垒，提高组织的灵活性。平坦化的组织结构是适应数字化时代的一大趋势。通过减少层级，简化决策流程，使组织更加灵活，能够更快速地作出决策和应对市场变化。这有助于提高组织的创新能力和适应性。数字化时代还强调数据驱动的决策。通过建立数据驱动的文化，组织可以更好地利用数据来作出决策，提高决策的准确性和效果。这可能包括建立数据分析团队、培养员工的数据分析能力等。总体而言,组织结构与流程的优化是适应数字化时代的必然选择。通过引入敏捷方法、数字化工作流程、跨职能团队,以及平坦化的组织结构,企业可以更好地适应快速变化的市场环境,提高工作效率和创新能力。

(三) 文化变革与领导力发展

在人才与组织变革的最高层次,企业需要进行文化变革与领导力发展。数字化时代需要一种鼓励创新、尊重多元化、鼓励学习的企业文化。同时,领导层需要具备数字化领导力,引领组织适应快速变化的数字环境。首先文化变革是数字化时代的关键。企业需要建立一种鼓励创新的文化,让员工敢于尝试新想法,鼓励失败作为学习的一部分。这有助于激发团队创造力,推动组织的不断创新。多元化文化也是数字化时代的重要特征。尊重不同背景、观点和工作风格,鼓励多元团队的协作,有助于提高组织的灵活性和适应性。企业可以通过培训、文化活动等方式,促进多元化文化的建立。学习型组织文化是数字化时代的需求之一。鼓励员工不断学习、更新知识,促进组织的快速学习和适应能力。企业可以提供培训资源、支持员工参与行业会议和研讨会,打造学习型组织文化。领导力发展也是关键的一环。数字化时代需要领导层具备数字化领导力,能够理解和应对数字技术的影响,引领组织进行数字化转型。这包括数字化战略的制定、创新的推动、团队的激励等方面。数字化领导力还包括有效的沟通和协作能力。领导者需要通过数字化工具和平台有效地与团队沟通,建立开放的沟通渠道,促进信息的共享和团队的协作。领导者应该注重建立信任和鼓励团队成员参与决策。数字化时代的组织需要更加扁平化的管理结构,领导者应该激发团队的主动性和创造力,建立一种开放的决策文化。总的来说,文化变革与领导力发展是数字化时代人才与组织变革的最高层次。通过建立创新、多元化、学习型的企业文化,以及培养领导层具备数字化领导力,企业可以更好地适应快速变化的数字环境,保持竞争力和创新力。

第三节 数字生态圈下产业的新模式与发展

一、数字化产业生态构建

在数字生态圈下,首要的是构建数字化产业生态系统。这包括与各种企业、创新者和合作伙伴建立联系,形成协同合作的生态链。数字化产业生态系统应该是开放的、可扩展的,通过数字平台整合各个参与者的资源,实现共享和互利。建立合作伙伴关系是构建数字化产业生态系统的关键。与不同领域的企业、初创公司、研究机构等建立联系,形成全方位的生态网络。这有助于整合各方的专业知识和资源,推动产业的全面协同发展。数字平台的建设是实现生态系统协同的关键。通过建立数字平台,企业可以将各种参与者连接起来,实现信息的共享、资源的整合。这可能包括建设开放的应用程序接口、数字化合作工具等,以促进生态系统的协同运作。数字化产业生态系统还需要注重可持续发展。通过引入可再生能源、提倡环保产业实践,实现数字产业的可持续性。这有助于构建一个具有长期竞争力和创新力的数字化产业生态系统。开放性是数字化产业生态系统的一大特征。企业应鼓励第三方开发者参与,通过开发者社区,推动创新的发生。这样的开放性有助于加速技术的演进和产业的进步。数字化产业生态系统还应注重安全和隐私。通过建立健全安全机制和隐私保护措施,确保数字生态系统的稳定性和可信度。这有助于建立用户信任,促使更多参与者积极参与生态系统的建设。总体来说,数字化产业生态系统的构建是数字生态圈中至关重要的一环。通过与各方建立合作伙伴关系、搭建数字平台、注重可持续发展和开放性,企业可以建立一个具有创新力和竞争力的数字化产业生态系统。

二、创新数字化业务模式

在数字化产业生态中,企业需要重点关注如何创新数字化业务模式。这可能包括基于订阅的服务模式、平台化业务模式、共享经济模式等。通过数字化技术,企业可以提供更灵活、个性化的产品和服务,实现业务的差异化竞争。首先,基于订阅的服务模式是一种创新的数字化业务模式。企业可以通过提供按需订阅的服务,让客户根据实际需求灵活选择服务内容，实现个性化定制。这种模式有助于建立更紧密的客户关系，提高客户忠诚度。其次，平台化业务模式是数字化时代的一种重要趋势。企业可以构建数字平台，汇聚各类服务提供商和用户，实现多方共赢。通过数字平台，企业可以创造新的商业生态，拓展业务边界，实现更高效的资源配置。共享经济模式也是创新的数字化业务模式之一。通过共享经济，企业可以将闲置资源进行共享，提高资源利用率。这可能包括共享办公空间、共享交通工具、共享服务等，满足用户的实际需求。数字化技术还可以支持个性化定制业务模式。通过数据分析和人工智能技术，企业可以深入了解客户的个性化需求，提供定制化的产品和服务。这有助于提高客户满意度，创造更有竞争力的业务。在创新数字化业务模式的过程中，企业还应注重用户体验。通过设计直观、便捷的数字界面，提供良好的用户体验，促使用户更愿意采用新的业务模式。这有助于提高用户黏性和品牌认知。总体而言，创新数字化业务模式是企业在数字化产业生态中保持竞争力的关键。通过灵活运用订阅服务、平台化、共享经济等模式，结合个性化定制和优化用户体验，企业可以不断创新业务模式，适应市场变化，实现持续发展。

三、数据驱动的智能化运营

在数字化产业生态中，智能化运营是至关重要的。通过数据分析、人工智能等技术，企业可以实现更智能、高效的运营。这包括生产过程的优化、供应链的智能化管理，以及基于数据的决策制定。数据驱动的生产过程优化是智能化运营的一部分。通过实时监测生产环节的数据，企业可以识别潜在的瓶颈和问题，采取及时调整和优化措施。这有助于提高生产效率，降低成本。供应链的智能化管理是数字化产业生态中的关键环节。通过运用物联网、大数据分析等技术，企业可以实现对整个供应链的实时监控和智能调度。这有助于提高供应链的灵活性，更好地适应市场变化和需求波动。基于数据的决策制定也是智能化运营的核心。通过数据分析和人工智能算法，企业可以更准确地预测市场趋势、了解客户需求，从而制定更具针对性的业务策略。这有助于企业作出更明智的决策，提高竞争力。数字化技术还可以支持智能化的客户关系管理。通过分析客户数据，了解客户的喜好和行为，企业可以提供个性化的产品和服务，提高客户满意度，促进客户忠诚度。安全性也是智能化运营中需要重点关注的方面。通过建立健全网络安全机制，采用数据加密技术，企业可以保护运营过程中涉及的敏感信息，防范潜在的安全威胁。总体来说，数据驱动的智能化运营是数字化产业生态中不可或缺的一环。通过充分利用数据分析、人工智能等技术，企业可以实现运营的精细化管理，提高效率，降低成本，为持续发展创造有利条件。

四、可持续数字化创新

数字生态圈下产业的新模式需要注重可持续的数字化创新。这包括关注环境、社会和经济的可持续性，以及通过数字化手段推动企业不断创新，实现长期的可持续发展。环境可持续性是数字化创新的一个关键考虑因素。企业应该关注数字化产业对环境的影响，采用绿色技术和绿色能源，减少碳排放，推动可持续的数字化发展。这包括优化数据中心能效、使用可再生能源等环保措施。社会可持续性也是重要的考虑因素。数字化创新应当促进社会的包容性发展，减少数字鸿沟，确保数字技术的普惠性。企业可以通过数字化培训、数字包容性的产品和服务等方式，推动社会的可持续发展。经济可持续性涉及数字化创新的商业模式。企业需要思考如何实现经济效益的同时，保持社会责任感。这可能包括通过数字化技术提高生产效率、降低成本，同时注重员工福利、社会公益等方面。数字化创新也需要关注数据隐私和安全，以确保用户信任和企业可持续发展。建立健全隐私保护机制，采用先进的网络安全技术，是数字化创新过程中不可忽视的方面。在可持续数字化创新中，企业需要注重社会责任，并与各利益相关方进行紧密合作。这包括与政府、非政府组织、其他企业建立合作关系，共同推动数字化创新的可持续性。

参考文献

[1] 蔡承秉. 掘金大数据:数据驱动商业变革[M]. 北京:时代华文书局,2013:103-110.

[2] 崔睿,李琪. 零售业网络平台上的消费者行为分析:从交易社区中类社会互动的视角[J]. 云南社会科学,2013,(2):10-14.

[3] 董岳,王翔,周冰莲,张冬. 互联网+时代商业模式创新的演变过程研究[J]. 中国科技论坛,2017(2):150-155.

[4] 何瑛,宋康宁. 大数据时代商业模式创新对管理会计转型的影响研究[J]. 商业会计,2018(15):6-9.

[5] 何瑛,杨孟杰,张宇扬. 大数据时代商业模式创新对审计转型的影响研究[J]. 商业会计,2018(21):9-13.

[6] 胡艳辉. 浅析大数据时代电子商务发展的新特征[J]. 改革与战略,2016,32(1):118-122.

[7] 黄升民,刘珊. 大数据背景下营销体系的解构与重构[J] 现代传播中国传媒大学学报,2012(11):13-20.

[8] 黄升民,刘珊. 大数据背景下营销体系的解构与重构[N]. 现代传播:中国传媒大学学报,2012(11):13-20

[9] 金花. 大数据时代集团公司财务管理变革探讨:基于H外贸集团公司视角[J]. 国际商务财会,2017(10):6-9.

[10] 李胜军. 信息化时代商业模式创新对财务会计变革的影响研究[J]. 财会学习,2020（12）:43-45.

[11] 李文莲,夏健明. 基于"大数据"的商业模式创新[J]. 中国工业经济,2013(5):83-95.

[12] 刘萌,谷文林. 大数据时代下电子商务的发展刍议[J]. 价格月刊,2016(4):51-54.

[13] 刘小刚. 国外大数据产业的发展及启示[J]. 金融经济:下半月,2013(9):224-226

[14] 刘志超,陈勇,姚志立.大数据时代的电子商务服务模式革新[J].科技管理研究,2014,34(1):31-34.

[15] 唐丹.大数据变革下财务会计的变革路径:以电商互联网平台为例[J].时代经贸,2020(9):77-79.

[16] 万顾钧.大数据时代外贸企业商业模式与会计模式的创新——以香港利丰集团为例[J]国际商务财会,2019(06):43-46.

[17] 王茜,钱力.大数据环境下电子商务个性化推荐服务发展动向探析[J].商业研究,2014(8):150-154.

[18] 肖雅玲.大数据背景下的商业模式创新:基于文献计量法分析[J].价值工程,2019,38(18):294-296.

[19] 依绍华.美国零售业的发展特点及其对我国的启示[J].宏观经济研究,2011,(9):38-41.

[20] 赵丹丹.信息化时代商业模式创新对财务会计的影响探究[J].中国管理信息化,2021,24(16):46-47.